Putain de vie !

Fabrice Bénichou

Putain de vie !

PLON
www.plon.fr

ISBN : 978-2-259-20741-6

A Tamao et Maritza

I

Juin 2005, Panamá... A quarante ans, le cœur dans l'estomac, je vais essayer, encore une fois... La toute dernière. Pour que perdure le rêve, pour que cette putain de réalité ne me rattrape pas une nouvelle fois et ne me pète plus à la gueule... Comme une de ces vieilles chanteuses la gueule pleine de Botox qui fait ses adieux à la scène, chaque fois dans des salles de plus en plus petites, de plus en plus vides, de plus en plus vaines, je dois rompre pour la quatrième fois ma décision d'arrêter la boxe. La dernière fois, c'était en 98 ! Mais, six ans plus tard, c'est un vide abyssal intérieur. Toutes ces années à vivre en dessous du seuil de pauvreté ont été une cascade d'abandons et d'humiliations. Je me sentais indigne du petit taureau que j'avais été. Taureau ou clown, je ne sais plus très bien. Mon père était un fakir : c'est mon existence, MA normalité...

Le cul calé sur mon lit dans cet hôtel miteux, je noircis mon vieux cahier d'écolier. J'ai envie, que dis-je, BESOIN de me raconter ! Jamais de toute ma vie il ne m'était venu une idée pareille. Je trimballais pourtant ce cahier vert tout défraîchi depuis une éternité. C'est les yeux tournés vers le plafond à défaut du ciel, tout en écoutant le ronron de mon ventilo pseudo-colonial en plastique, que m'est venue cette idée saugrenue : « Fabrice Bénichou va de nouveau ouvrir sa gueule, mais sans sa langue et son cheveu éternellement collé dessus... Avec sa plume ! »

Dans toute ma carrière sportive, j'ai donné un grand nombre d'interviews. Souvent je faisais de la provoc... Une sorte de show à l'américaine. Mais mon histoire a toujours été racontée par d'autres ; des journalistes pour la plupart. Même si certains, tel Michel Chemin de *Libé*, ont été les fidèles chroniqueurs de mes pérégrinations en tout genre, aucun ne pourra jamais me raconter comme moi-même.

Bien sûr, ce n'est pas l'unique raison de cette boulimie subite d'écriture. Je suis si seul dans cette piaule que même les heures d'entraînement que je m'inflige chaque jour ne suffisent pas à assommer le mal qui m'étreint. Une nostalgie tenace me bouffe l'âme comme un ver solitaire. Même ce que je chie l'intéresse...

Je suis si seul, si loin... Les miens me manquent tant ! Un an et demi que je ne les ai pas vus. Autant dire une putain d'éternité ! Mon fils grandit loin de son père parti à l'aventure au bout du monde, dans le fol espoir d'aller lui cueillir un brin d'arc-en-ciel. Melchior est le quatrième, le premier avec Laurence... Ma Laurence ! Je les aime tant, j'aimerais tellement qu'ils soient fiers de moi. J'ai si honte de ce que je suis devenu. Cette ombre qui ne doit même pas son existence au soleil, à croire que ce dernier ne l'a même jamais effleurée. Et pourtant... Je dois me battre pour eux chaque jour contre ma dépression, le pire adversaire de toute une carrière, peut-être après moi-même.

Je suis au Panamá pour renaître et c'est leur amour qui me donne la force de tout recommencer et me maintient en vie. Je ne suis mort que pour moi, j'existe encore aux yeux des miens. Bon Dieu, sont-ils aveugles ?

Me voilà donc une fois de plus en Amérique latine... Ce continent est un peu le mien, j'y ai passé la première partie de ma vie, entre insouciance et découverte. Le gamin est mort... Pire, il est devenu un parfait étranger.

J'ai vieilli depuis lors ! Cette saloperie qu'est le temps m'a volé mon innocence en me rappelant que toute ma vie est peut-être déjà derrière moi.

Quelle connerie que le sport ! J'ai à peine quarante ans et je ressens déjà le besoin impératif d'écrire mes mémoires, comme un vieux sage, alors que je ne peux décemment prétendre ni à l'écriture ni à la sagesse. Certains gars de mon âge viennent tout juste de quitter leurs parents et de fonder une famille et le petit père Bénichou, lui, se bat contre la retraite. Il n'a rien vu passer et le voilà pris. La Bérézina...

Je me sens en pleine forme, mais je me sais vieux ! Il est temps de parler de moi au passé. C'est l'avatar ultime du sportif qui n'a pas eu la chance de naître con. La lucidité est parfois l'ennemie du bonheur. La mienne ne m'a jamais empêché de faire les pires âneries. Je suis au Panamá, je me sais déjà nulle part...

Durant mes incessants voyages, j'ai remarqué une chose qui, même au bout de près de quarante années de pérégrinations autour du globe, ne s'est jamais démentie : l'« empreinte sonore ». Chaque ville possède la sienne propre. Panamá est la cité du boucan, et les bruits incessants de ce petit bout d'Amérique centrale me rendent dingue. Où que tu te trouves et quelle que soit l'heure de la journée ou de la nuit, il n'y a jamais la moindre seconde de silence. Il ne sert strictement à rien de le chercher : tu ne le trouveras pas. Ce bon vieux silence réparateur est tout simplement aux abonnés absents. C'est à croire qu'il est un luxe que peu de capitales de pays du tiers-monde peuvent s'offrir, et certainement pas Panamá. Là-bas, c'est toujours la bagnole qui a le dernier mot. Nos écolos hexagonaux auraient bien du fil à retordre dans ce bled du bout du monde ; les vieux bus et les vieilles voitures crachent leurs gaz noirs dans l'indifférence générale.

Avant de se soucier de ce qu'il respire, l'humain a la fâcheuse tendance à se préoccuper de ce qu'il bouffe. C'est ainsi et personne n'y peut rien ! L'écologie reste malgré tout un luxe réservé aux riches.

A Panamá City, les bus sont incroyables. Chacun d'eux est une œuvre d'art ambulante. Des vieux cars d'école américains, les Panaméens ont fait un festival de couleurs invraisemblables, un mélange de fresques religieuses, de culture inca et de tags hippies ; un truc hallucinant que tu ne trouves qu'ici.

L'hôtel de passe où je réside n'est pas vraiment un modèle d'insonorisation. De ma chambre, j'entends tous les bruits de la vie. Ceux de la rue d'abord, des voitures, des camions et des bus, mais aussi des ivrognes qui chantent ou crient suivant l'heure et leur état d'âme. Ceux du lieu même ensuite, comme cette bonne vieille Angelita qui fait semblant de jouir à « tue-tête » pour fidéliser la clientèle, ou peut-être par simple bonté d'âme, et les télés qui déversent leurs conneries sur le monde, ici comme ailleurs.

Si la lecture est la nourriture de l'âme, la télé est l'oubli de l'esprit. Lorsque je ne m'entraîne pas, je tue le temps avec des séries à la con qui défilent sur mon vieux poste de télé directement connecté aux étoiles, aux satellites. Où que tu ailles dans le tiers-monde, la première technologie de masse après la bagnole est le satellite et la télé qui va avec. Même au milieu des putes dans un hôtel pourri du quartier de Caledonia à Panamá City, tu captes les étoiles... C'est magique !

C'est *Star Trek* version *telenovelas* et pubs en tout genre. Si les filles ne vont pas au septième ciel, moi, j'y suis connecté. Elles sont devenues mes copines d'ailleurs ; non pas les étoiles, je n'ai guère cette prétention, mais les putes ! Nous avons tellement de choses en commun...

Après un passage par le Venezuela et la Colombie, j'ai réussi à me prendre en main. Fini les conneries, je m'entraîne sérieusement. Je m'emmerde consciencieusement – je crois que je n'aime plus la boxe. Mais je me fais souffrir, encore un trait de famille, même si je n'ai aucun goût pour la chose. Je dois me prouver que le rêve n'est pas mort, que *je ne suis pas mort*. L'esprit englouti par mille questions plus alambiquées les unes que les autres, ne suis-je qu'un songe et quelle peut bien être ma réalité ?

Pour le moment cette dernière est bien simple... Tous les jours, j'enfile mon jogging et mes baskets, quelles que soient les insomnies de la veille, et je m'en vais courir à cinq heures du matin, pendant une heure, le long de l'avenue Balboa jusqu'à la pointe de Paitilla. L'océan apporte à ce moment de la journée l'unique touche de fraîcheur dans un climat chaud et d'une lourdeur quasi insupportable. A cette heure particulière, les noctambules croisent les gros cons comme moi qui n'ont rien d'autre à foutre que courir après un mirage, comme pour mieux fuir leur néant. Un seul problème me tracasse... Il semblerait bien que mon néant coure plus vite que moi.

Il me faut faire semblant, me mentir à moi-même, m'arracher les tripes pour que, coûte que coûte, l'aventure continue, histoire de me sentir exister ne serait-ce qu'un peu encore. Pour certaines personnes, il paraîtrait que le jogging du dimanche avec bobonne et le chien permet de se vider la tête, et même d'oublier les jambes de la secrétaire tant convoitée, le petit chef qui passe ses frustrations sur ses subordonnés, ainsi que les autres rebuffades d'une journée de boulot ordinaire. Pour moi, que dalle... Mes emmerdes, je les trimballe avec moi et si mes casseroles sont silencieuses à l'extérieur, elles font un putain de barouf à l'intérieur. Elles sont lourdes en plus, ces connes. Remarque, c'est bon pour la musculature.

Les questions s'entremêlent dans ma tête au rythme de mes foulées, tandis que mon bon vieux Walkman crache du AC/DC à fond dans mes oreilles. Bon Dieu, que j'aime la musique... Les riffs de ce cher Angus sont semblables à des coups de poing : « I'm on a highway to hell. » L'autoroute de l'enfer ? Comment ça « l'autoroute de l'enfer » ? Je me croyais déjà arrivé sur place depuis belle lurette.

J'ai bien connu Angus jadis... Ce fut même un de mes potes du temps de ma gloire. A ce moment précis de mon existence, un tas de « people » me léchaient le cul. Je n'ai jamais vraiment compris, même avec le recul, comment, malgré leurs langues marron, ils pouvaient encore avoir les dents si blanches. Un de ces miracles de la science.

Je ne parle pas d'Angus, bien sûr. Ce gars-là a tout mon respect, car c'est un vrai, un pur ! Dieu sait si c'est rare, dans le milieu du show-biz, de croiser des gars avec des couilles en or et un cœur en diamant. La plupart sont en toc et puent la merde. C'est la vie qui nous a séparés, comme deux bateaux qui se croisent et se saluent, en s'envoyant dans les esgourdes un bon coup de corne de brume. Seulement, l'un vogue toujours et l'autre est à fond de cale comme un con. Devinez lequel ?

Pendant ma course matinale, je croise de temps en temps des ivrognes qui me sourient de leur bouche édentée. Ils ont l'air heureux de me voir, à moins tout bonnement qu'ils ne se foutent de ma gueule. Un truc du genre : « Hey, mec, ne fais pas semblant de courir. Ne te la tape pas jeune cadre dynamique qui se soucie de ses artères. On t'a reconnu. On a lu dans tes yeux. Nous savons toi comme nous que tu es l'un des nôtres... » Peut-être ont-ils raison. Je cours pour ne pas les rejoindre.

Un futur champion du monde pour la quatrième fois ou un clodo en sursis ? Est-ce donc cela, en fait, qui me fait continuer au-delà de l'amour que j'éprouve pour les miens ? Car, malgré ma souffrance, je vais me battre avec le destin et je vais lui en mettre plein la gueule, comme à la grande époque.

Malgré ma déprime, il reste au fond de moi cette rage, et je le sais. C'est elle qui m'a bâti. Je lui dois tous mes titres et, il faut bien l'admettre, un certain nombre de mes conneries aussi. Pourtant je ne suis pas dans la vie une tête fondue comme sur le ring. Je ne me bastonne plus pour un oui ou pour un non depuis bien longtemps déjà.

Un soir récemment à Caledonia par exemple, un type me demande l'heure. Comme un con, je lui donne sans faire gaffe et voilà son complice qui s'enfuit à toutes jambes avec mon larfeuil à la main. Je ne saurais dire comment la chaîne a lâché, parce que, en bon parano que je me flatte d'être, mon portefeuille est toujours solidement fixé à mon pantalon. Un bon nombre de mes potes se foutent de ma gueule à ce sujet d'ailleurs. Avec mon bouc, mon jean, mon cuir, mes boots de motard et ma chaîne sur le cul, j'ai l'air du chanteur de Village People. Certains vont même jusqu'à me croire authentiquement pédé.

Bref, pour en revenir à mon histoire, je cours après mon gars pendant un sacré bout de temps, jusqu'à ce qu'il m'entraîne dans une ruelle malfamée des quartiers chauds de Panamá. Le type monte sur une terrasse typique de ces habitations populaires et je l'entends qui parle avec des potes d'un genre pas franchement accueillant. Sans jouer les gros bras, mais sans me démonter non plus, je les supplie d'en bas, dans un espagnol que je maîtrise à la perfection, de me rendre mon portefeuille, pas tant pour les sept malheureux dollars qui s'y trouvent que pour mes papiers et la photo de ma femme et de mon gosse à l'intérieur. Après quelques secondes de palabres, je vois mon larfeuil s'envoler et tomber à mes pieds. Bien sûr, le fric avait disparu, mais le reste était intact. Si j'avais voulu jouer au dur, nul doute que je me serais pris un coup de surin dans le bide, voire même une bonne balle de gros calibre. Comme disait ce bon vieux Mahatma Gandhi : « La violence ne résout pas toujours tout, surtout lorsqu'on n'est pas le plus fort ! »

Après mon footing matinal, je m'en retourne dans ma chambre miteuse pour grignoter quelque chose. De toute ma foutue vie, je n'ai jamais pu manger au saut du lit. Mais après une heure et quelques pas de course à six heures du mat, l'estomac réclame un minimum d'énergie pour le corps. Et me revoilà vissé sur mon lit devant des séries à la con.

La télévision au Panamá est d'un niveau intellectuel incroyable. La pire chaîne de télé française mériterait un prix Nobel comparée à celles qui sévissent là-bas. Heureusement, il y a TV5, comme un parfum du pays. Toutes mes pensées tournent autour des miens, telle une litanie vaudoue ou un mantra hindou. Il est déjà l'heure de partir m'entraîner dans la salle...

J'aime les salles d'Amérique latine. Il y règne une atmosphère incroyable. Leur fragrance est inimitable. L'humidité règne en maître. Ça pue là-dedans, mais ça pue bon !

Le parfum du cuir se mélange à celui de la sueur des mâles en rut. Cette odeur âcre, chargée de testostérone, stimule l'envie de se battre. Il se dégage de cette moiteur une force incroyable qui caractérise à mes yeux, mieux que tout autre parfum, l'instinct du boxeur. Dans ces moments-là, j'aime presque de nouveau boxer. Je dis presque, car on ne peut pas se mentir continuellement, même grisé par une ambiance appropriée.

Je fais des allers-retours entre deux salles d'entraînement. La première, à Barrasa, est une ancienne salle de combats de catch, réaménagée pour la boxe. C'est la plus propre des deux, tout étant relatif, bien sûr. La seconde, à Curundu, est d'une saleté repoussante. D'énormes rats passent sur mes pieds sous la douche dont les joints sont d'une noirceur plus que douteuse. Je me passe du savon trankilou dans le dos et voilà qu'un riton traverse le bac et me chatouille les orteils. Dans ces moments-là, il faut savoir se rattacher à l'essentiel pour ne pas tout plaquer et hurler tel Jean-Louis Aubert dans sa prime jeunesse : « Mais qu'est-ce que j' fous là ? »

Je sais ce que je fais, ou tout au moins je fais mine de le savoir : « Fabrice Bénichou veut revenir au plus haut niveau ! Et quand Fabrice veut... »

Même si je suis complètement déprimé et qu'il m'arrive d'avoir l'impression d'être un automate, je sens, au fil des mois d'entraînement, revenir une forme physique salvatrice. Je tiens le bon bout et je le sais ! J'ai réussi avec plus ou moins de bonheur à récupérer mon vieil entraîneur, celui avec lequel j'ai remporté mon premier titre de champion d'Europe face à Jacob : Jacinto Palacio.

Enfin, lorsque je dis récupérer, je me comprends. Jacinto court après deux lièvres et, à première vue, je ne suis pas le plus juteux. Du coup, mon entraîneur passe le plus clair de son temps avec un jeune champion du monde WBA, « Araña » Vasquez. Il a donc mieux à faire que de s'occuper d'un vieux triple champion du monde prometteur, qui rêve de revenir et vise un titre de champion panaméricain, un tremplin magnifique pour accéder au titre mondial. D'un autre côté, mon expérience me dispense de la nécessité d'être suivi à chaque seconde par un coach.

J'en veux pour preuve mon premier combat après sept ans d'absence le 3 décembre 2005. Pour mon retour sur le ring du Gimnasio Auditorio, Las Tablas, Los Santos, le sieur Eduardo Julio n'a pas tenu quatre rounds. Après un petit moment d'adaptation, histoire de retrouver mes marques, je lui ai mis deux uppercuts au foie et un crochet en pleine gueule, et l'arbitre a arrêté le massacre. C'était un bon boxeur. Il bougeait bien. Nul doute qu'il aurait fait un excellent *sparring-partner.* Mais comme de nombreux gars rencontrés dans ma carrière, il lui manquait ce petit truc qui, au-delà de la technique pure, fait le grand boxeur : la niaque !

Lors d'une prise entre les gants quelques minutes auparavant, Eduardo m'avait demandé de faire durer le combat, me promettant que, de toute manière, je l'emporterais.

Ce type m'a vraiment pris pour un bleu ! Ce coup-là, on me l'a déjà fait plusieurs fois, mais je ne suis plus en âge de ne penser qu'au spectacle, à la frime. J'ai l'avenir de ma famille à assurer, moi – le mien aussi. C'est une question de survie ! Désolé pour le show, Eduardo, mais prends ça dans ta gueule !

Ma famille. Parlons-en justement... Elle n'est pas là et je suis seul à partager mon nulle part. Heureusement, il y a Internet. Que Dieu, dans son infinie bonté, bénisse les nouvelles technologies ! Je ne suis qu'un rêveur dans une lande à la fois étrangère et pourtant si familière, mais, pour quelques cents, je peux communiquer avec les miens : une bouée de sauvetage dans une mer d'abîme. Je décris mes journées et mon aimée décrit les siennes. Si un océan nous sépare, j'arrive à la sentir contre moi, que dis-je... en moi !

A première vue, quoi de plus impersonnel et de plus con que quelques lignes échangées sur un clavier ? Mais quelle évasion, quelle invitation à la vie... Je ressens l'*agapè* des Grecs anciens, l'amour véritable... Quelle que soit la distance, celle-ci est gommée instantanément, dans un tour de magie que n'aurait pas renié mon père : du carburant pour une autre journée de quête.

Une fois, même, ce fut l'apothéose... Grâce à la mairie d'un bled de Charente, Laurence disposait d'une webcam. Quel pied ! Je voyais ma femme et mon fils ; j'avais la sensation d'être avec eux. Je rêvais et c'était bon. Mon gamin encore tout bébé ne captait pas trop la situation, mais qu'importe. Même de façon virtuelle, nous étions réunis, pour le meilleur et pour le rire. Je voyais ce visage qui a su transcender mon vide, j'entendais cette voix qui seule peut me faire sentir bien à ma place et j'exultais. L'amour est ce qui rend la vie supportable. L'idée de la mort est ce qui la rend intolérable. Je m'égare une fois de plus, mais la simple pensée de Laurence me fait délirer et me prendre pour un « pouêt ».

Seul sur mon lit, après nos conversations numériques, je ferme les yeux et je l'imagine. Elle fait tout si bien et de manière si rigoureuse. Son père travaillait le bois comme nul autre. Peut-être tient-elle cela de lui, à moins que ce ne soit de sa mère qui, bien que travaillant en usine, possède des doigts de fée qui brodent et cousent comme ceux d'une déesse. J'ai parfois l'impression d'être un gros naze face à elle, un poids même, ni plume ni coq, mais lourd... Trop lourd !

Je voudrais lui offrir la Lune, non pas tant parce que je suis amoureux, mais par simple justice : elle le mérite ! Si l'amour rend aveugle, le sien m'a redonné la vue, peut-être même la vie. Car je reviens de loin et c'est bien ma Lolo qui m'a ramené !

Je me souviens de notre rencontre, un autre temps, cette satanée année 93... 93, c'est un peu l'année zéro de Fabrice Bénichou.

Tout avait commencé en décembre de l'année précédente face à Maurizio Stecca. Je connaissais le bonhomme depuis 84, année de son titre olympique à Los Angeles. Nous nous entraînions ensemble à Rimini en Italie. C'était un beau mec. Le Rital typique, belles gonzesses, belles bagnoles, grande gueule, un magnifique adversaire. Le combat en lui-même s'est plutôt bien passé. Le gars bougeait bien, mais j'avais le dessus, tant sur le plan physique que mental. Je n'ai commis qu'une seule erreur, mais elle fut de taille : ne pas l'avoir dégommé une fois pour toutes comme son frère champion du monde que j'ai vu de mes propres yeux, quelque temps plus tôt, prendre une correction digne d'un jeu vidéo par un Portoricain. Le frangin a pris un uppercut et a sauté tel un pantin, en retombant comme une fleur sur ses deux pattes. Un vrai dessin animé...

Seulement Maurizio a tenu le coup et, une fois de plus, quitte à paraître mauvais joueur, j'ai perdu aux points. Je sais que je vais susciter des quolibets, mais j'en ai l'habitude. La vérité est que la Fédération française (qui n'a jamais pu me blairer à cause de ma grande gueule) et la Fédération italienne ont tout fait pour que je perde.

Je sais... On va me dire que Bénichou est mauvais joueur, mais je répondrai de manière on ne peut plus simple. Procurez-vous le combat et jugez par vous-même.

Toujours est-il que c'est ainsi que j'ai perdu mon titre de champion d'Europe. J'étais dévasté, envahi par un sentiment d'injustice inique. Ce n'était que le début d'une série de catastrophes personnelles.

A l'époque, j'avais pour maîtresse ma kiné, Laurence. Mes potes Philou et Julio me chambraient en me disant d'un air goguenard que je me contenterais d'une chèvre avec une jupe, mais voilà, elle était loin d'être une chèvre. J'étais amoureux. Pas elle...

En perdant mon titre, j'ai soudainement perdu à ses yeux de ma superbe, et surtout de mon utilité. Fini pour la belle kiné la tune facile et les soirées arrosées par mes pascals. Cette chère m'a largué sans autre forme de procès. J'imagine qu'elle a vécu notre histoire comme un investissement. J'étais sincère...

Mais le pire allait venir. Ma femme Pascale (rien à voir avec les billets de banque du même nom, quoique...) m'a jeté à son tour et je me suis retrouvé expulsé de ma maison de Nantes.

Le triple champion du monde et quintuple champion d'Europe Fabrice Bénichou était devenu SDF comme un sombre crétin, largué simultanément par sa maîtresse et sa femme, perdant par là même le bonheur de vivre aux côtés de ses fils.

La rupture est un truc très particulier. Tu te demandes parfois si c'est le changement qui fait que tu te sens si mal. Le manque est plus souvent le tien que celui de ton couple. Dans la plupart des cas, ce dernier était déjà empli d'un vide intersidéral, voire même « intersidérant ». C'était bien le cas cette fois-ci. Soyons franc à défaut d'être complet. Je ne me faisais guère d'illusions sur cette chère Pascale depuis un bon moment déjà. Elle reste la mère de mes trois premiers enfants et, ne serait-ce que par égard pour eux, je dois m'abstenir de trop noircir le personnage, de cette encre qui pourtant aurait beaucoup de choses à dire.

Car, enfin, les seules fois où elle semblait se soucier de moi, c'était pendant mes combats. Depuis le ring, au beau milieu de la mêlée, je pouvais l'apercevoir. Pâle comme un linge, elle tenait son visage entre ses mains et semblait sincèrement inquiète pour son homme. Je ne me suis jamais bien expliqué le phénomène. J'ai tendance à croire qu'elle se faisait du souci pour la pérennité de son investissement, mais enfin, je suis sûrement mauvaise langue.

Toujours est-il que, aussitôt mon championnat d'Europe perdu, madame s'est débarrassée de monsieur à coups de pied dans le cul. Je me suis retrouvé sur ma Harley adorée, en route vers La Rochelle.

Quand je pense que j'ai dû la vendre pour une bouchée de pain pour pouvoir me payer le voyage jusqu'à Panamá City... Je n'arrive toujours pas à m'y faire. Ma bécane, c'était mon Jolly Jumper à moi, même si je ne tire pas aussi bien ni aussi vite que Lucky Luke (toutes les femmes de ma vie vous le confirmeront).

Ma chère Harley était une véritable compagne de chacune de mes errances, mon *american dream* à moi. Comme le chauffeur de Mitterrand, je l'ai conduite pendant plus de dix ans sans permis. Je n'en tire aucune gloire, mais c'est la vérité. Si l'un de mes fils faisait une chose pareille, il entendrait parler du pays.

On s'attache à ces engins-là – je parle de la moto, bien sûr ! Pourtant, ce n'est que de la tôle. Mais l'amour et Dieu lui-même ne sont-ils pas, à en croire certains, des concepts ? Je peux donc aimer légitimement une moto sans apparaître comme le dernier des tarés. Quand bien même ce serait le cas je m'en... Euh, comment dire la chose sans cribler mon texte de mots grossiers... Voilà : je m'en masturbe !

Pour en revenir à ma virée vers La Rochelle, j'avais dans l'idée de monter des combats là-bas avec l'aide d'élus rencontrés lors de ma première participation à l'émission *Fort Boyard*. Ces types m'avaient fait des sourires à se péter la mâchoire, en me promettant monts et merveilles, dès qu'ils auraient retrouvé les clés de la remise. J'avais le choix entre La Baule et La Rochelle et, coup de bol, j'ai tourné mon guidon vers La Rochelle. Les élus m'ont promené en bateau, mais j'ai rencontré l'amour de ma vie.

C'était aux Francofolies, par une nuit de dingue. Dutronc chantait et moi j'exultais. Un copain m'avait prêté son appart. Jamais je n'avais fait l'amour comme cela de toute ma vie. Ce fut exquis !

Allongé sur mon lit miteux dans cette chambre de passe du Panamá, alors que je n'ai pas revu les miens depuis plus d'un an, ce souvenir me fait tenir et verser une larme de bonheur. Difficile de parler d'amour sans paraître niais, mais c'est ainsi. Malgré ma hargne de boxeur, j'ai un cœur et même un cerveau, un truc à peine croyable.

Je me suis installé chez ma belle, dans un moulin du 77 à Compans. Je remercie Dieu que Laurence ait croisé ma route au pire moment de ma vie. Sans elle, nul doute que j'aurais fait une énorme connerie, ce qui ne m'a pas empêché par la suite d'essayer d'en faire, voire même, comme pour ma carrière par exemple, de frôler la franche réussite.

Ma carrière ? Parlons-en. En 93, cette brave mémère était au point mort. Je venais de faire les premiers d'une longue série d'adieux à la scène, et mon ex-femme s'était occupée personnellement de notre compte commun, avec une dextérité incroyable. Ayant vécu toute ma vie dans un monde de fous où tout était possible, j'ai cru à plein de rêves et de vaines promesses, mais rien n'a vraiment été concluant.

Le cinéma me faisait les beaux yeux, tout comme la télé. Il fallait les voir, ces gars, me promettre des lendemains qui chantent, sans avoir à me bousiller la tronche ni à monter sur le ring pour m'éclater le cerveau face à de parfaits inconnus. Leur sincérité semblait si réelle que je me demande pourquoi ils n'en font pas bénéficier plus largement le cinéma français. Tant de talents perdus !

Moi, dans mon infinie connerie, j'étais sincère, je voulais changer, vivre plus facilement, loin des contingences d'un sport qui non seulement t'impose des sacrifices inimaginables, mais en plus te fait vivre dans l'aléatoire, à la merci des décisions de juges pas toujours droits dans leurs pompes. J'en avais marre de la souffrance, de l'injustice, de la violence.

Ce que j'ignorais, dans ma niaiserie touchante, c'est qu'aux yeux de ces délurés de la vie je n'existais qu'en raison de mon talent de boxeur. Ce talent, certains d'entre eux se permettaient en fins connaisseurs de le critiquer, en sortant des phrases dans les salons du genre : « Bénichou est bien gentil, il a la pêche, mais il a une faiblesse au niveau de la technique. » Ces gars auraient fui devant un nain.

J'ouvre les yeux et ils me piquent ! Ma gueule... Ils s'en foutaient, leurs sourires étaient des vitrines, telles celles du boulevard Haussmann au moment des fêtes de fin d'année (comment faire du fric avec ce gars-là ?). Leur but ultime était de te faire croire au Père Noël. J'y ai cru, ou tout au moins je voulais y croire.

J'aimerais dire que je percevais et contrôlais tout. Il n'en était rien. Le petit Fabrice, à force de se la taper, s'était fait mal et tout le monde s'en foutait. J'étais devenu l'ombre de moi-même, un rien qui cachait un tout, que dis-je : un trou ! Une faille narcissique béante !

Etre paumé est dans la nature de celui qui cherche. Je m'étais tant perdu. J'ai tant visé le ciel que j'ai touché le fond. Des conneries, j'en ai tant fait qu'il m'est impossible de toutes les narrer.

Même ma famille, ceux que j'aime n'ont pas été à l'abri de mes errances. C'est ainsi que, par un sombre jour de 95, je me suis retrouvé avec mon père à Font-Romeu, parti faire je ne sais même plus quoi. Depuis un certain temps déjà les choses allaient mal entre lui et moi. Je lui reprochais de me promener de rêves en galères et lui n'en pouvait plus sans doute de vivre par procuration, dans l'ombre de son fils.

A ce stade du récit, il faut vous dire que mon paternel n'est pas n'importe qui ! Il fut une énorme vedette internationale, champion du monde lui aussi, mais de fakirisme ! Sa vie est un roman incroyable. Papa a même participé à New York à l'émission la plus populaire de l'histoire de la télévision américaine : le fameux *Ed Sullivan Show*, celui-là même qui a permis aux Beatles en leur temps de conquérir l'Amérique.

Mais, à Font-Romeu, nous étions loin de la gloire. Ce fut une scène pathétique et inoubliable. Chaque seconde est gravée dans ma mémoire et certains passages défilent même au ralenti, comme dans un combat télévisé. J'en avais assez des culs-de-sac, de ma carrière qui, malgré des combats victorieux mais secondaires, tournait en rond tel un hamster dans sa roue.

J'en voulais à papa de se faire toujours avoir par le même genre de bonimenteurs et de me mentir lui-même, contraint de trouver des excuses. Son enthousiasme n'était plus du tout communicatif. Je voulais que Laurence me voie briller. J'en avais besoin et je me retrouvais dans un chemin sans issue, tel un pitbull resté trop longtemps en cage.

Le cœur envahi par la tristesse, j'étais avec ma femme au téléphone. Les portables n'étant pas très développés en 95, je me trouvais dans une cabine téléphonique. Papa, au volant de sa voiture, avec cette théâtralité qui l'a toujours caractérisé, faisait vrombir son moteur comme s'il voulait me foncer dessus. Je me souviens parfaitement avoir dit à Laurence de ne pas quitter une seconde et d'avoir posé le combiné sur la petite étagère en métal. J'étais à bout, mais froid, déterminé à ne pas me faire emmerder.

Mon père est sorti de sa bagnole et a marché vers moi avec sur son visage un air de défiance. Le vieux avait de la gueule tout de même avec le recul, une sacrée gueule même. Entre autres choses, le paternel a fait la Légion étrangère. J'imagine qu'il essayait de m'impressionner, comme si j'étais un simple inconnu, un peu à la manière d'un chat qui fait le gros dos et plaque ses oreilles en arrière. Ce coup-ci, ma froideur était telle que le risque était grand pour lui.

Papa jouait sur le côté père-fils, il avait tort. J'étais un autre. Rétrospectivement, en plus de la honte, je crois que j'arriverais presque à me faire peur moi-même. Jamais je n'aurais cru un jour que je serais capable de ne pas me coucher devant celui qui fut de tout temps mon héros.

Je ne sais pas ce qui m'a pris. Face à ses menaces, un premier coup est parti, puis un deuxième. L'homme de ma vie se trouvait à terre et c'est moi qui l'y avais mis. Je devais vraiment être la dernière des merdes de ce monde. Dans l'aveuglement et la confusion du moment, je ne crois pas avoir saisi toute l'ampleur de mon geste. Maman s'accrochait à moi en hurlant. J'imagine le drame qu'elle vivait et j'en ai honte encore aujourd'hui.

Il faut comprendre une chose essentielle. Mes parents et moi avons un lien qui est extrêmement difficile à décrire avec de simples mots. En plus de l'attachement normal qu'éprouve tout fils pour ceux qui lui ont donné la vie, nous avons vécu tellement de choses incroyables, traversé tant de pays, connu la plus clinquante des richesses comme la plus pitoyable pauvreté, que nous étions durant toutes ces années un univers à nous tout seuls, notre unique point d'ancrage dans une vie d'éternelle bohème.

Mon père et ma mère m'ont tout appris, tout transmis, je n'ai presque jamais de toute ma vie été à l'école. Pourtant, je parle cinq langues à la perfection (ou presque) et je me démerde plus ou moins dans quelques autres. J'ai beaucoup lu et beaucoup observé. Je suis un autodidacte accompli et frustré, mais conscient du fantastique patrimoine transmis par les siens.

Mais je l'avais fait. J'avais frappé mon père comme un personnage de tragédie grecque, ou un simple damné. Qu'étais-je devenu ? Qu'était-il advenu de nous ?

Une tache indélébile dans la vie de Fabrice Bénichou, la honte des hontes, la marque du déshonneur, même si, honnêtement, nos rapports étaient malheureusement devenus violents et presque odieux bien avant ce drame.

J'en suis en grande partie responsable. L'enfant-roi n'était plus gâté par la vie et peut-être que j'en rendais responsable celui qui avait été un véritable dieu à mes yeux. Tout ne me tombait plus tout cuit dans le bec. Il fallait que le héros de ma jeunesse expie pour la lente agonie de mes rêves.

Très vite après mon geste impardonnable, je suis retourné voir mon papa pour m'excuser, puis j'ai quitté Font-Romeu la tête basse et la queue entre les jambes, comme un toutou qui vient de se faire prendre à chiper dans l'assiette de son maître.

Peu de temps après, mes parents sont partis pour l'Amérique du Sud et je ne devais les revoir que quelque dix années plus tard, à mon arrivée à Caracas. Ils se trouvent à Panamá aujourd'hui, non loin de mon hôtel, et, malgré tous les non-dits, il est très bon de les revoir.

Nous ne parlons jamais des événements de Font-Romeu. C'est peut-être mieux ainsi. J'imagine qu'aucun de nous n'est vraiment doué pour ouvrir son cœur. Les hommes du clan Bénichou sont des coqs et maman masque ses souffrances sous un voile de pudeur. Il en a toujours été ainsi. Ma mère est d'une résistance hors du commun. En suivant mon père dans ses pérégrinations, elle est passée par toutes les étapes imaginables. Jamais de toute sa vie cette femme magnifique n'aura vécu une existence « normale », ne serait-ce qu'un seul instant. Aujourd'hui encore moins que jamais.

Il faut dire que mes parents forment un couple peu banal. Pour tout dire, ils font un ménage à trois avec Sophie, une jeune femme que mon père a rencontrée lors de mon championnat d'Europe de 91 à Brest. Agée d'une vingtaine d'années, elle lui a donné deux petites filles, mes sœurs. L'une, Dina Jones, est née à Paris et l'autre, Lili Anaïs, au Venezuela. Je ne les avais connues que bébés et je les rencontre aujourd'hui au seuil de l'adolescence. Pourtant, que ce soit du côté de maman ou de celui de papa, jamais il ne fut question de se séparer. C'est en quelque sorte une « division des tâches ». Sophie a pris le relais là où Maman avait jeté l'éponge. Le pire, c'est que, malgré quelques engueulades plutôt moins fréquentes que chez beaucoup de couples, la chose ne fonctionne pas trop mal. Cela peut paraître curieux, mais il en est ainsi. Moi, du moment que mes parents sont heureux...

II

Après Font-Romeu, je m'en suis retourné dans notre petit moulin de Compans. Je vivais encore plus ou moins bien de l'argent autrefois gagné et arraché en petite partie des griffes de mon ex. J'étais encore suffisamment connu à cette époque pour me laisser glisser dans une certaine facilité. L'ombre de Fabrice Bénichou faisait de temps à autre des combats qui ne rapportaient pas bien lourd, un peu de tune en plus tous les trois mois, mais, ajoutée à la paie de Laurence, nous vivions gentiment.

La boxe n'était plus vraiment ma priorité. Je me dépatouillais de procès en procès avec mon ex-femme, et mes gosses me manquaient. Comme d'habitude lorsque surgit le doute ou l'angoisse chez moi, je m'abrutissais devant la télé, histoire de ne plus penser à rien. Il s'agissait de ne pas ouvrir ce petit coffre-fort empli d'anxiété, planqué au fond de mon cerveau, sachant pertinemment que ce qu'il contenait pourrait bien un jour me péter à la gueule. C'est arrivé plus tard et j'y reviendrai.

C'est aussi à cette époque que j'ai rencontré pour la première fois l'alcool. Le Jack Daniel's, c'est comme le Canada Dry. Ça a le goût du bonheur, ça ressemble au bonheur, mais ça n'est pas le bonheur... Mais alors, pas du tout !

C'est toujours pareil... On le sait, on le fait, histoire de hurler son impuissance et sa souffrance dans un orgasme de lâcheté et d'abandon. La cuite, ça vous dévore tout cru.

C'est comme un rite sadomaso. Il y a tout, là-dedans : la jouissance, la souffrance, l'amour, la haine. A la bonne vôtre, messieurs-dames. On se bousille gravement la santé tout en en souhaitant une bonne aux autres : tchin !

Cela dit, malgré quelques cuites dignes des plus grands, je n'étais pas accro, mais simple alcoolique de circonstance. Le coffre-fort était encore fermé et la serrure résistait à la pression intercrânienne.

Pour me donner bonne conscience, j'allais voir un psy une ou deux fois par an, comme on s'en va cueillir des champignons en forêt. C'était à mourir de rire. Le type me regardait, je ne lui disais presque rien, il me saluait, je le payais et la messe était dite. Comme des millions de patients, j'étais guéri ! Plus pauvre, mais bien mieux pareil qu'avant !

Comme toujours, Laurence était extraordinaire. Je la savais en désir de maternité, mais pas une seule fois elle ne m'a mis la pression à ce sujet. Vous en connaissez beaucoup des femmes comme ça, vous ? Je souffrais de la séparation d'avec mes trois fils. Le plus jeune, Axel, n'était encore qu'un tout petit enfant. Pascale et moi l'avions conçu la veille de mon combat victorieux face à Davison pour le championnat d'Europe, le 29 mai 1992 à Amnéville. Un beau combat pour un gosse magnifique. Malheureusement pour ce petit grain de vie, ses parents étaient restés moins d'un an ensemble par la suite.

Après Nantes, Pascale a déménagé en emmenant les mômes à Rodez, à l'autre bout de l'Hexagone. Je ne pouvais guère les voir que pendant les vacances. Je me souviens d'avoir essayé la caravane… Pour un véritable bohémien comme moi, la chose semblait aisée ; et pourtant, ce fut un fiasco épouvantable. Il ne fallut guère plus de trois jours pour décrocher cette saloperie de la bagnole et passer à autre chose. Dieu que c'est chiant, la caravane ! Il faut croire que le coq Fabrice Bénichou s'était quelque peu empâté.

Grâce à un pote biker, Sybil du Vaucluse, fils de magicien lui aussi, j'ai pu trouver une magnifique maison à louer pour mes enfants au Beaucet, avec une sublime vue sur les dentelles de Montmirail. Nous y sommes allés trois ou quatre années de suite et nous y fûmes heureux. Il n'y a qu'au moment de la séparation que les choses tournaient au vinaigre. Le papa costaud ne pouvait retenir ses larmes, et c'était mes mômes qui me prenaient dans leurs petits bras pour me consoler, en me répétant qu'ils m'aimaient. Pitoyable, le boxeur, malgré ses muscles sculptés à l'entraînement tout autant que sur le ring de la vie ; c'était bien lui le gros bébé. On ne peut pas se la jouer indéfiniment, surtout lorsque le jeu touche à sa fin et que le public vous quitte.

Lorsque je pense à cette époque, je ne peux m'empêcher de me sentir perplexe. En fait, je crois que je boxais tel un fonctionnaire. J'étais devenu une sorte de robot des rings. Tous les trois ou quatre mois, j'avais à faire un combat, et je ne m'y préparais qu'au dernier moment.

Le pire fut atteint en Irlande face à McCullough. Le type avait été numéro un mondial en super coq. C'était un match important, parce qu'il pouvait me propulser vers un nouveau championnat du monde, devant cette légende de la boxe qu'était Nassim Ahmed, le seul à avoir battu McCullough.

Après trois mois sans boxe, je fus prévenu une quinzaine de jours seulement avant la rencontre. Ce n'est que cinq jours après que je me suis enfin décidé à reprendre l'entraînement, soit dix avant le combat. Je sais que cela peut paraître complètement dingue, mais c'est ainsi. Pourtant, je fis une bonne prestation, ne perdant qu'aux points et, pour une fois, à la régulière. Je me demande si le sort aurait été différent si j'avais fait preuve d'un minimum de rigueur durant ces années.

J'allais à la salle la tête vide, comme un automate. Croyez-moi, il n'y a rien de pire pour un boxeur. Il vaut mieux, et de loin, y aller à reculons, en se disant que c'est vraiment trop chiant, plutôt que de vivre cela. L'indifférence sonne la mort de la hargne, et la hargne est l'essence même de la boxe.

Ici, à Panamá, je suis souvent pris d'une crise de fainéantise lorsque je dois me bouger pour aller m'entraîner. Mais, d'une certaine façon, cela prouve que je suis en vie. Une fois passé ce stade, je retrouve rapidement des sensations et mon instinct reprend le dessus. Je suis dans mon corps et je travaille sur la matière humaine.

Durant les années qui ont précédé mon dernier combat pour le titre de champion d'Europe en 98, je n'ai quasiment jamais ressenti cela. Mon train-train quotidien errait à la recherche d'une gare. Je n'étais là pour personne, même pas pour moi. Le train fantôme n'a retrouvé la vie qu'après ma victoire sur Krastev en novembre 97.

Mon étoile s'est rallumée ce soir-là, à Berck. Je l'avais perdue de vue et elle m'a ébloui. Toute ma vie a été construite autour de cette étoile. J'y ai toujours cru et elle m'a de tout temps guidé. C'est elle qui a fait de moi un champion du monde. La perdre signifierait mourir par manque de rêve, ma seule véritable nourriture, ma raison d'être et d'avancer. Après Krastev, elle éclairait mon chemin d'une lumière aveuglante. Cette victoire m'ouvrait la porte du championnat d'Europe et j'étais de retour sur les rails. Ce fut pour moi un déclic extraordinaire. Je renaissais ! Fini l'alcool, la coke et les journées passées à larver devant ma télé. J'allais m'entraîner ; m'entraîner comme jamais.

Pour cela, il fallait impérativement changer de cadre et me rapprocher de mon entraîneur, Jean Molina, qui sévissait à Saint-Marcel, tout près de Marseille. Molina est et a toujours été un excellent entraîneur. Bien sûr, mettre face à face deux caractères de merde comme les nôtres ne rendait pas toujours les choses faciles. Mais c'était un homme intègre et juste et je le respectais. En 97, cela faisait plus de dix ans que je travaillais avec lui et nous étions bien rodés. J'aimais sa franchise, sa manière incroyable d'ouvrir sa gueule.

Il avait été très longtemps la bête noire de la Fédération française, ce qui nous faisait une chose de plus en commun. Il faut dire que Molina n'était pas exactement le genre de type à mettre des gants, ce qui est un paradoxe dans le milieu de la boxe où l'hypocrisie règne souvent en maître.

En fréquentant un univers empli d'ambitieux, tu sondes les profondeurs de l'âme humaine. Tu découvres jusqu'où les gens sont capables d'aller pour parvenir à leurs fins. Bien sûr, je ne suis pas exactement un agneau, disons que je me définirais comme un lion naïf. Mon ambition est centrée sur moi, comme tout le monde, mais il existe tout de même une nuance. Je me bats contre moi-même, tandis que la majorité des ambitieux cherche à poser une pseudo-supériorité sur les autres, histoire de ne pas mettre le nez dans leur propre merde.

A mes yeux, il s'agit d'un instinct de survie. Je dois être capable de me regarder dans la glace sans me mépriser, ce qui au passage ne fut pas toujours aisé. Je déteste ces types qui cherchent la domination par mépris de l'autre. J'aime les gens, même s'il me faut parfois leur péter la gueule pour exister. Je le fais sur le ring, à la loyale, et pas, contrairement à beaucoup de pauvres types que j'ai trop souvent croisés dans ma carrière, à coups de sourires hypocrites et de vaines promesses.

C'est pour cette raison que je respecte tant Molina : pour son amour de la boxe, son intégrité et même sa grande gueule.

Je savais que, pour atteindre mon objectif, il ne fallait pas répéter les erreurs commises face à McCullough. Je devais me rapprocher de mon entraîneur et bosser... Bosser, jusqu'à ce que victoire s'ensuive.

L'obsession de tout boxeur avant un combat, c'est le poids. Nous sommes encore pires que les mannequins à ce niveau. Dix grammes de trop peuvent te fermer les portes d'un ring. Une des plus grandes légendes de la boxe, Roberto Duran, faisait le yo-yo à hauteur de trente kilos, un record absolu. Quant à moi, afin de limiter le stress de la balance, j'ai presque toujours boxé une catégorie au-dessus de la mienne, face à des adversaires qui accusaient au minimum un bon kilo, voire deux, de plus que le petit père Fabrice.

A Cassis, Laurence me préparait de savoureux petits plats savamment dosés. Ce fut à ce niveau, comme à tant d'autres, beaucoup plus facile que d'habitude. Durant ma carrière, il m'est arrivé de ne plus pisser tant l'organisme absorbe le liquide. J'avais l'impression de gonfler comme une baudruche à la moindre goutte d'eau.

Ma tendre et douce s'occupait de toute l'intendance, y compris des massages. J'avais un ange gardien, je me sentais totalement invincible. Ma victoire au championnat d'Europe ne faisait aucun doute dans mon esprit. J'étais de retour, en pleine forme comme jamais, et totalement assuré de mon futur triomphe.

Nous nous sommes envolés vers l'Angleterre et ma confiance semblait remplacer les ailes de l'avion. Je volais sur un nuage. Jamais, je crois, de toute ma vie, je ne m'étais senti aussi bien dans mes gants – aucune nervosité à l'horizon, le calme plat. Je serrais la main de Laurence en souriant béatement.

La veille du combat, il y eut une conférence de presse lors de la pesée. Je fanfaronnais. Je me rappelle avoir serré la main de mon adversaire en lui lâchant un « good luck » goguenard. J'étais le maître du monde en pleine frime. Le challenger se sentait déjà être le roi.

Le soir, dans ma chambre d'hôtel, je m'inventais le combat du lendemain. Mon cerveau bouillonnait à force de réfléchir, et j'étais même en sueur. Mais ce n'était pas de l'inquiétude. Mon film cérébral me semblait tellement réel qu'il m'eût paru incongru qu'il se passe différemment. Oliver allait en prendre plein la gueule. Imparable !

En plus de cette confiance qui m'habitait, j'avais cru voir un bon signe dans la rencontre de Freddy Roach, un des rares très bons copains que m'ait donnés ce métier. Freddy était devenu entraîneur et s'occupait de Virgil Hill, champion du monde des mi-lourds. Je me souviens d'un footing à Vegas plus de neuf années auparavant. Freddy traînait la patte. Je lui en avais fait la remarque, lui demandant si tout allait bien, et il m'avait répondu avec une pudeur incroyable qu'il était juste un peu fatigué. En fait, cette saloperie de Parkinson, cette même maladie qui s'est abattue sur Mohammed Ali, faisait déjà son œuvre. En 98, Freddy était digne et fier malgré cette merde et ça me semblait de bon augure. Pourtant les choses n'allaient pas tarder à se gâter...

En arrivant dans la salle, une chose incroyable se produisit. La sécurité ne voulait pas me laisser entrer et personne dans l'organisation n'avait eu la bonne idée de me faire faire un pass. Après des palabres interminables et, me semble-t-il, l'intervention d'un responsable, les gorilles ont fini par me laisser pénétrer dans l'arène aux lions.

Là-dedans bouillonnait une foule anglaise surexcitée et pleine de haine, d'insultes et de mépris à mon égard. Je crois que toutes les injures connues dans la langue de Shakespeare ont été proférées à mon encontre ce soir-là.

Moi, je m'en foutais. Même si le phénomène avait pris plus d'ampleur que d'habitude, j'étais rodé à ce genre de pratique. Lorsqu'on vient boxer sur les terres d'un autre, les supporters se déchaînent. Il en va ainsi dans la plupart des disciplines.

Il m'est même arrivé plus d'une fois d'entendre des insultes antisémites. Le sport a de nos jours remplacé le cirque romain. Nous en sommes les nouveaux gladiateurs. Pour beaucoup de spectateurs, il s'agit avant toute chose d'un exutoire à travers lequel déchaîner sa frustration et exprimer sa rancœur. Je ne leur en veux toujours pas aujourd'hui, même si je leur dis du fond du cœur et le plus cordialement du monde d'aller se faire foutre.

Fabrice Bénichou n'était jamais qu'un symbole, à la manière d'une cible de fléchettes dans un pub enfumé. Les joueurs n'ont en fait aucune haine réelle envers la cible. Cette dernière exerçant même une sorte de fascination.

Dans la grande loge, j'étais entouré de plein de monde. Il y avait là Molina, Ferrer, Laurence, bien sûr, un autre boxeur français dont j'ai oublié le nom et qui venait de perdre. Etait présent également Pascal Deux, qui réalisait un documentaire sur moi.

Encore une fois, j'étais zen, sûr de ma victoire, intouchable. Je réalisais consciencieusement mes mouvements d'échauffement ainsi que mon rituel immuable. J'ai toujours mis le gant gauche avant le droit et je persiste à croire, malgré tout, que ce n'est pas de la superstition. Je me souviens parfaitement de n'avoir éprouvé aucune espèce d'appréhension, ce qui ne me ressemble guère. A être si bien, moi, le flippé de naissance, j'aurais dû me méfier.

Car, je peux bien l'écrire aujourd'hui, je suis comme tout le monde, j'ai la trouille, une trouille à se pisser dessus. Cela m'est même arrivé réellement une fois, en août 90 à Nice, face à Amos Cowart. J'étais dans un état proche de la crise de panique psychiatrique. Ce brave Amos me semblait deux fois plus gros que moi. Le type n'a tenu que deux rounds et s'est retrouvé K-O. La frousse, ce soir-là, m'avait mis en transe.

Un autre signe caractéristique de la peur qui m'habite avant les combats, c'est l'allure à laquelle je parcours la distance qui sépare la loge du ring. C'est toujours en courant que j'emprunte cette allée interminable, comme pour en finir au plus vite. Mais, ce soir de 98, j'y suis allé peinard, en marchant, toujours sûr de moi, invincible.

Ce n'est qu'en franchissant les cordes que le bouleversement se produisit. J'ai regardé Oliver, mon adversaire, Molina, mon entraîneur, et une voix a résonné dans ma tête : « Qu'est-ce que tu fous là ? »

Je ne peux encore aujourd'hui m'expliquer ce changement radical opéré d'une seconde à l'autre. C'était comme si quelqu'un avait éteint la lumière. Je savais que, si je perdais ce combat, ma carrière était terminée, mais, à cette seconde, je m'en foutais royalement.

C'était un peu comme si Rambo s'était soudainement converti au pacifisme, rejoignant un ashram avec ses nouveaux potes hippies, pour fumer quelques joints en écoutant Dylan. Je n'avais tout simplement plus envie d'être un boxeur.

Difficile de faire la part entre le rôle joué dans cette affaire par ces promesses de reconversion mirobolante qui m'avaient été faites et un simple ras-le-bol. Toujours est-il que c'était fini. En un instant, ma vie avait basculé, peut-être pour toujours. Je ne serais plus jamais le même.

Si j'en chie chaque seconde ici à Panamá, c'est que je rêve de gommer ce moment, ce cauchemar. J'ai cru en une reconversion basique, quelque chose de pépère qui sauvegarderait mon ego, remplirait mon compte en banque et me laisserait libre de ne plus m'impliquer dans un truc qui me bouffait la gueule, au sens propre comme au figuré.

Je me suis tourné vers Molina, comme absent. Le pauvre vieux, à ce moment précis, n'avait aucune idée de ce qui se tramait dans la tête de son champion. Moi, j'essayais d'y être mais je n'y étais plus. Je me convainquais que pour réussir ma prochaine carrière, il me fallait finir en beauté celle-ci. Je me mentais. Je le savais. Rien à foutre... C'est aussi simple que cela : je n'en avais plus rien à foutre.

Dans mon coin, j'entendais la voix de mon entraîneur comme provenant du fond des âges : « Tu l'observes, tu tires sur la gauche, n'oublie pas, c'est toi le challenger, c'est à toi de lui mettre la pression. » J'avais envie de lui répondre, mais je fermais ma gueule. J'essayais de me mettre de nouveau en position « automate », comme les années passées.

En pensant à ce jour fatidique, je ne peux m'empêcher de revivre ce combat au présent. La cloche sonne. Je fais, que dis-je, nous faisons un round pathétique dans lequel rien de bien saillant ne se passe. A la pause, Molina m'engueule et me reproche mon inaction. J'ai un sentiment d'oubli, d'abandon. Je me trahis moi-même mais je n'y peux rien. Comment, dans ces conditions, me soucier de l'avis des autres ?

Nouveau coup de cloche et c'est le deuxième round qui commence. Le public hurle, rêve de me voir à terre : « Mais vous ne voyez donc pas que je suis déjà mort, bande de cons ? » Je prends une série de coups, j'y réponds, comme par réflexe, sans aucune tonicité ni conviction. Bon Dieu, qu'est-ce qui m'arrive ? Qu'est devenu Fabrice Bénichou ? J'étais pourtant prêt pour ce combat de merde... Prêt comme jamais !

Je retourne à mon coin, comme un élève s'en va au piquet. La boxe est morte en moi, foutez-moi la paix ! Et ce satané Molina qui gueule sa détresse, son impuissance, ma propre trahison. Les caméras qui auscultent, dissèquent ma mort sportive, comme des bêtes, sans aucune pudeur.

Nouveau coup de cloche et c'est le troisième round qui commence. Oliver me porte un coup mais est infoutu de le suivre. Tu as du bol que je sois mort à la boxe, mon pote... Un sacré bol même... Qu'est-ce que je t'aurais mis !

A la pause, Molina est au bord de la crise de nerfs. J'en ai marre de l'entendre gueuler comme un veau. Je lui dis : « J'en ai marre, c'est fini ! » Lui ne comprend toujours pas ce que je veux dire, et me rétorque : « Bien sûr que c'est fini, tu vas le finir ! » Comme le chantait ce bon vieux Lennon : « The dream is over. What can I say ? » Molina n'a rien compris.

Vient alors le quatrième round. J'attaque, mais je le provoque, je ne porte pas vraiment les coups. J'attends qu'il me dégomme, mais ce con ne fait presque rien. Pour que je me suicide à la boxe, il va pourtant falloir qu'il me file un coup de main. Alors je retire mes mains, offrant ma gueule tout ouverte à Oliver. Il cogne, mais pas suffisamment pour m'abattre. J'en peux plus de cette mascarade. Je voudrais que tout s'arrête, pour ne plus jamais de toute ma foutue vie être un animal de cirque. Je mets un genou à terre. L'arbitre me regarde et me dit : « Toi, tu n'as plus envie », puis il ordonne la fin du combat. Oliver devient champion d'Europe et moi roi des cons. J'en porte toujours la couronne.

L'ombre du boxeur teigneux que j'avais autrefois été et que j'espère aujourd'hui redevenir s'enfuit dans les loges sous les insultes et les regards méprisants. Jean Molina ne se contrôle plus, persuadé que je me suis laissé acheter. Il se sent trahi, sans comprendre. A cette seconde, je m'en fous, je me fous de tout. Je reste persuadé qu'une nouvelle vie va commencer. Une nouvelle vie qui marque la fin de la première. C'est vrai, dans un sens, mais ce sens n'est pas le bon... Pas le bon du tout !

III

Ma vie a pourtant démarré sur les chapeaux de roue, au sens propre comme au figuré. Ce 5 avril 1965, mon père, à bord de sa vieille caisse, fonçait dans la nuit madrilène. Maman souffrait atrocement. Une infection utérine s'était développée dans son corps et papa tentait de rejoindre le plus vite possible l'hôpital, le cœur bouffé par l'angoisse. Il connaissait bien un médecin, le docteur Callejo, qui partageait avec lui la passion des phénomènes paranormaux et autres spécialités bizarres de papa. Callejo ira jusqu'à laisser hypnotiser maman afin de diminuer ses souffrances et de permettre un accouchement « sans douleur », malgré une césarienne sans anesthésie.

Ce soir-là, c'est à près de cent soixante kilomètres-heure qu'ils rejoignirent l'hôpital, les hurlements de ma mère couvrant les crissements de pneus et les emballements du moteur. De tout son être, maman tentait de faire face à l'angoisse et à la souffrance. J'allais être son premier et unique enfant. Un tout petit bout de chou pour un gros paquet d'emmerdes.

Celles-ci n'allaient guère tarder à commencer. Je suis né dans la nuit tandis que ma mère était en catalepsie, et les complications ne se firent pas attendre.

Mon poids a chuté en quelques heures de manière vertigineuse. Je suis passé de 2,8 kg à 1,3 kg. Les toubibs étaient plus que pessimistes sur mes chances de survie. Dans l'Espagne franquiste, la prière remplaçait parfois l'espoir et personne aux alentours ne donnait bien cher de ma toute jeune peau. Bénichou signifie « fils de Jésus » : « En voilà encore un qui ne fera pas de vieux os... »

En 65, papa était une vedette qui passait à la télévision et enthousiasmait les foules avec des tours dont il a toujours eu le secret. Le seul hosto équipé d'une couveuse dans tout Madrid était l'hôpital américain. A force de pugnacité et en faisant jouer ses relations, mon père m'y a fait admettre et je me suis retrouvé sous cloche.

Maman, quant à elle, s'est rétablie tant bien que mal. Les toubibs lui ont expliqué que la seule séquelle que je devrais garder de tout cela serait une déformation du palais. Encore aujourd'hui, je me trimballe un cheveu sur la langue qui a des allures de crinière. Pour le reste, seuls mes potes, lorsqu'ils sont en mal de vannes à me balancer, osent avancer une autre hypothèse. Il n'y aurait pas que mon palais à avoir été touché : mon cerveau a forcément dû prendre un sacré coup. Une excuse qui me permet de sortir parfois la plus grosse des conneries, avec une sorte de jubilation ostentatoire.

Il faut dire que rien durant sa grossesse n'a été épargné à ma pauvre mère. Papa s'en servait comme assistante dans ses spectacles, et c'est elle qui, bien souvent, devenait son cobaye. Enceinte de cinq mois, mon père la plongeait en catalepsie devant un auditoire médusé, avant de casser un gros morceau de parpaing sur son ventre. Il lui transperçait également les bras à l'aide d'aiguilles et autres délires du genre. Lorsque j'y pense aujourd'hui, je me dis que mes potes ont peut-être raison. De toutes ces frasques hallucinantes, il a bien dû subsister des traces...

Car j'étais sous le parpaing, moi ! Je n'avais pas encore vu le jour et voilà que je m'en prenais déjà plein la gueule ! Mon avenir semblait tout tracé : je prendrais des coups pour le spectacle, mais, croyez-moi, j'en rendrais quelques-uns aussi...

Je plaisante. Tout cela n'est probablement que pure coïncidence, mais tout de même. Comment parler de normalité lorsque, dès son plus jeune âge et même avant sa naissance, on se trouve confronté à une existence pareille ? Je suis un enfant de bohème, un gosse de cirque. Vivre comme tout le monde est une étrangeté pour moi, car je me suis forgé dans l'errance, dans le spectacle et dans l'irraisonnable, pour ne pas dire la folie.

Si j'échoue à revenir dans la course ici, à Panamá, je serai condamné à vivre comme mes semblables. Mais ils sont si différents. Je suis si profondément inadapté. Le spectacle ne peut se finir, car il en a toujours été ainsi depuis ma prime jeunesse. *The show must go on !*

Il existe de fortes chances pour que je me plante, et que rien de bon ne puisse jamais pousser. Je suis une lande étrangère à la société des hommes et à leurs règles. Mon éducation a fait de moi un être différent, difficilement adaptable. Ma reconversion serait un challenge périlleux. Je suis terrassé par l'angoisse à l'idée de me dissoudre, de me fondre dans la société des hommes. J'ai de la vie un regard empreint de poésie, mais totalement inefficient dans un univers de personnes « normales ». Le plus beau des coraux une fois sorti de l'eau devient tout blanc comme le vulgaire calcaire qu'il est, sans que subsiste une seule trace de ses fascinantes couleurs. J'ai peur de cela – de mon étrangeté, de mon inadaptation, de sombrer de nouveau dans la dépression. Mes parents étaient des Martiens. Ce n'est qu'aujourd'hui, en me confrontant aux autres, que j'en prends pleinement conscience. Tout cela remonte à loin… Très loin.

Mon père est né à Paris en avril 1940. Un mois tout juste avant la débâcle. Son histoire est très compliquée, tout comme la mienne, peut-être pire encore. Décidément, les chiens ne font pas des chats…

Ma grand-mère, juive, avait fauté avec un riche notable de l'ambassade espagnole. Bien sûr, compte tenu des idées préconçues de l'époque, il était strictement inconcevable pour aucun des deux parents biologiques de reconnaître l'enfant. Dans un premier temps, mon père fut confié à la DDASS, avant que ma grand-mère, prise de remords, le reconnaisse en cachette de ses amis et parents.

Ce n'est que plusieurs années plus tard que papa, en volant les dossiers dans le bureau du dirlo, eut vraiment accès à ses origines et connut son véritable nom, Bénichou. Entre-temps, les nazis avaient envahi le pays avec le succès que l'on sait et mère-grand passa une bonne partie de la guerre, malgré le danger que constituaient ses origines, à essayer de sauver le plus grand nombre de congénères possible de l'hydre nazie.

A la fin de la guerre, elle partit au Venezuela où, dans un premier temps, elle fit fortune dans l'immobilier, avant de se faire bouffer tous ses sous par des escrocs affectifs, le genre de rapaces qui ravagent les âmes à défaut d'avoir eux-mêmes un ersatz de conscience.

Depuis son foyer de Denfert-Rochereau, papa n'avait alors qu'un seul rêve : retrouver sa mère. Pour cela, il fit quatre tentatives d'évasion entre quatorze et dix-sept ans. Une énorme porte en métal lui bloquait la voie de la liberté. Encore aujourd'hui, il ne peut parler de ce portail symbolique sans que l'émotion fasse trembler sa voix.

La quatrième évasion sera la bonne et papa, grâce à des infos arrachées à des membres de la famille restée à Paris, put fuir clandestinement vers le Venezuela.

Prévenue, sa mère l'attendit en grande pompe avec deux limousines, une pour lui et l'autre pour elle. Rapidement enfermé dans un appartement penthouse de Caracas, le jeune môme de la DDASS ne revit sa mère que le surlendemain.

Depuis plusieurs années, il ne pensait pourtant qu'à cela... Retrouver cette femme qui, malgré les affres de la guerre, avait tenu à le reconnaître. Il avait même fait tatouer sur son bras un énorme cœur avec, inscrit à l'intérieur : « Ma maman que j'aime ». La déception fut énorme. C'est une belle femme terriblement froide qu'il trouva en face de lui. Après des mois de mésentente, le jeune homme rentra en France et s'engagea dans la Légion.

Je me souviens de ma grand-mère. Mon père ne l'a revue qu'en 70. J'avais cinq ans. C'était à l'hôtel Colonia Tovar en pleine montagne près de Caracas. Effectivement, elle n'était pas un modèle de chaleur, mais c'était une femme nantie d'un charisme incroyable et pleine de principes. Son mari italien, Luigi, ne pouvait pas blairer mon paternel qui le lui rendait bien. Je me souviens d'un nounours en collier, qu'elle m'offrit avec un sourire, le seul que j'aie jamais vu s'inscrire sur son visage. Grand-mère est morte en 95, dans la pauvreté, elle qui avait connu autrefois la richesse la plus extrême. Il faut croire que les hauts et les bas sont génétiques chez les Bénichou.

Pour en revenir à ma prime jeunesse, à l'époque de Madrid, mes parents avaient encore les moyens. Après mon sauvetage à l'hôpital américain, ils partirent pour la Corse dont ma mère était originaire, afin de présenter, suivant la tradition, l'« enfant-roi » à la famille. Repris par la bougeotte, ils me déposèrent ensuite chez une nounou en Suisse, afin de pouvoir travailler et monter des spectacles en Belgique.

Là-bas, papa ne fit pas que des rencontres heureuses. Les clubs dans lesquels il travaillait étaient souvent tenus par la pègre locale. Il ne se fit pas que de vrais amis non plus. L'un d'entre eux lui proposa un marché pour le moins risqué. Le genre de challenge qui a toujours fasciné mon fakir de père. Cet homme s'est nourri du danger toute sa vie, comme pour mieux explorer les limites extrêmes de l'être et fuir l'intolérable réalité. Seulement, ce coup-là n'avait rien de glorieux ni même de spectaculaire. Il s'agissait de passer de la coke aux Etats-Unis.

Papa accepta, rêvant de repartir en Amérique pour tenter une nouvelle carrière. Le monde n'est jamais assez vaste pour des types tels que lui. Il faut toujours pousser le bouchon jusqu'au bord du gouffre, à la recherche de nouvelles sensations, d'autres extases.

Les Bénichou s'en allaient changer de continent, dans des circonstances certes fort peu reluisantes. Après avoir franchi les Alpes, mes parents m'arrachèrent à cette nounou suisse qui ne voulait plus me lâcher. La brave femme était tombée amoureuse du petit bout d'homme que j'étais.

Les bagages bourrés de came, nous passâmes la frontière sans dommage et nous installâmes pour un temps dans le New Jersey. C'est là que mon plus vieux souvenir entre en jeu. Je n'étais pourtant qu'un tout jeune gosse qui marchait à peine depuis quelques mois. Il faut croire que la boxe, par accident, m'a épargné un ou deux neurones. Bien sûr, tout cela est flou. Je jouais dans un jardin et une oie m'a pincé le cul ! Les oies américaines, c'est bien connu, ont toujours eu les mœurs plus libres que les européennes !

A cette époque, papa projetait de s'installer au Canada. Grâce à son incroyable bagout, il put infiltrer les cercles de parapsychologie du Nouveau Monde, où son talent l'imposa rapidement comme un interlocuteur incontournable. Parmi ses réalisations, mon père fut l'un des fondateurs de l'Institut national de yoga canadien.

Mais il lui fallait faire un gros coup de pub, quelque chose qui lui ouvrirait la presse et le grand public. Son défi fut incroyable, à la hauteur de la dinguerie géniale du personnage. En pleine Exposition universelle de Montréal, il allait se faire crucifier.

Il m'est impossible d'imaginer aujourd'hui comment les autorités canadiennes ont pu permettre de réaliser ce « show » en plein air. Toujours est-il que les faits, pour incroyables qu'ils puissent paraître, sont bel et bien véridiques.

Autant je me souviens de l'oie, autant je n'ai aucun souvenir de la croix. Pour cette fois tout au moins, car papa renouvellera l'aventure. Les journaux de l'époque en ont bien entendu parlé. C'était le but recherché. Mireille Mathieu et Joey Starck ont assisté à l'événement, ainsi que Jacqueline Bouvier Kennedy (eh oui !). Tous les trois s'intéressaient aux prouesses physiques et spirituelles de ce grand fakir de papa-Tamao. Je n'avais bien entendu nullement conscience de l'importance de ces gens et je n'en garde strictement aucun souvenir.

Voilà donc mon paternel, planté au sens propre comme au sens figuré devant toutes ces célébrités, paume contre croix contrairement au Christ, se faisant enfoncer des clous dans les métacarpes, avant d'être érigé dans les airs tel un messie de l'inutile. Quoi de plus banal finalement pour un môme, « même pas mal » :

— Petit, où est ton papa ?

— Il arrive, madame, juste le temps de se mettre en croix et il viendra me chercher...

— Ah bon, dire que j'allais presque m'inquiéter...

Je plaisante tant la chose avec le recul peut paraître énorme. J'imagine cette foule québécoise, confrontée à cette version pour le moins originale de « Jésus de Montréal » avant l'heure.

Le temps se couvrait et le ciel s'assombrissait. Tout cela devait être à la fois fascinant, terrifiant et un brin pathétique tout de même. La lumière du jour était étouffée par d'énormes cumulus noirs et menaçants, lorsque soudain une trouée amena un rayon de soleil juste sur la face du père.

Je sais ce que vous allez me dire : « Ça y est, Bénichou délire. » Eh bien, non, tout cela est authentique. Imaginez la tronche de ces badauds face à ce spectacle digne d'Hollywood. Car, pour mon père, il ne s'agissait nullement d'un blasphème, mais d'un simple tour, un coup de pub génial, quelque chose qui assurerait sa nouvelle vie dans le Nouveau Monde. Un truc du genre : « Mathieu, viens voir, sur la place, à gauche après l'épicerie, il y a un autre Juif sur la croix. Mais qu'est-ce qu'ils ont tous avec ce truc ? »

Il y avait dans cette foule un ecclésiastique, un archevêque pour être plus précis, qui renonça ensuite à son poste prestigieux, proclamant que la foi est finalement bien peu de chose avant de partir pour l'Afrique en tant que missionnaire. Papa avait fait son show et ce dernier avait laissé comme un froid.

Aujourd'hui, les yeux hypnotisés par les mouvements des pales de mon vieux ventilo dans ma chambre du Panamá, je ne peux m'empêcher de croire que tout cela reste malgré tout normal. Bien sûr, je suis devenu un adulte (en tout cas pour l'état civil, car je vous avouerai que, pour le reste, je ne garantis pas que ce soit vraiment le cas) et j'ai été depuis confronté à des gens « comme vous et moi ».

Lorsque je leur raconte mon histoire, ils me regardent tel un Martien. Certains (ceux qui me connaissent le moins) doivent même se dire dans leur for intérieur que je suis un mytho, même si, par trouille, peu auront les couilles de me le dire. Pourtant c'est bien mon histoire, facilement vérifiable, et c'est elle qui m'a structuré. Je viens de là ! J'en suis le produit. Toute ma jeunesse a été parsemée de délires dans ce genre et de bien d'autres encore.

Du coup, lorsque je suis sur un ring, je n'oublie jamais le « show ». Je monte sur scène. Je suis un saltimbanque tout comme mes parents. Mes combats sont des spectacles et je reste un enfant du cirque de la vie. J'ai ça dans mon sang, dans mes veines. Je tire ma jouissance et mon envie d'y aller de cette impression d'envoûtement que seuls les artistes expérimentent avec la scène. Il se trouve que c'est la boxe, parce que c'est le domaine pour lequel je semble avoir le plus de dispositions. Mais ça aurait pu tout aussi bien être la musique, la danse ou que sais-je encore ? J'aurais rêvé être un batteur de jazz !

Ma mère, dont le père était concierge au Casino de Paris, était devenue danseuse par amour des planches. Mon père y ajouta deux, trois clous, histoire de pimenter la chose (oh, trois fois rien, des bricoles).

Malgré l'incongruité apparente de la situation, tout cela reste du spectacle. Lorsque tu as goûté aux yeux de la foule vibrante, c'est comme une drogue. Tu sens les frissons parcourir leur échine, tu les sens vibrer comme les cordes d'un instrument de musique. C'est à la fois magnifique, troublant et délicieusement dangereux. A force de te nourrir de ces sensations, l'addiction te gagne et il t'en faut toujours plus, exactement comme avec de la came.

L'horreur, c'est ce qui m'est arrivé en 98 lors de mon combat contre Oliver, lorsque ton shoot ne te fait plus rien. C'est une sensation de mort. Ton rêve et ta raison d'être que la vie assassine.

Si je suis là, dans cet hôtel pouilleux, c'est aussi pour retrouver cela, revivre au spectacle, tout autant que pour fuir cette dépression qui court maintenant derrière moi, tandis que j'essaie de toutes mes forces de lui échapper.

Cela dit, je n'étais pas prêt à tout pour connaître cette extase de la scène et j'ai bien peur qu'elle fasse maintenant partie de mon passé. Le fakirisme n'est pas vraiment mon truc. Je peux le dire aujourd'hui. Malgré tous les sévices que papa a infligés à ma mère (voire même souvent à de simples spectateurs, pris au hasard dans le public à la manière d'un magicien), je n'ai jamais accepté qu'il me plante des aiguilles, clous et autres saloperies de ce genre. Non seulement, pour aussi incroyable que cela puisse paraître, je suis extrêmement douillet, mais en plus j'étais paradoxalement trop près de tout ça pour ne pas avoir la frousse.

IV

Peu de temps après les exploits canadiens un brin christiques du paternel, le parrain pour lequel papa avait transporté la came quelques mois plus tôt aux Etats-Unis s'est fait serrer par le FBI. Les fédéraux se sont intéressés alors à mon père de très près et lui ont demandé finalement de devenir un témoin protégé.

La famille Bénichou a eu chaud sur ce coup-là. Nous aurions très bien pu voir le patriarche Bénichou-maître Tamao à l'ombre d'un de ces pénitenciers américains, qui ne sont en rien des colonies de vacances, affublé de cette tenue orange, pour une bonne dizaine d'années au moins. Les autorités américaines ont un sens de l'humour très limité lorsqu'il s'agit de trafic de drogue.

Nous avons traversé la frontière le temps du procès et papa a négocié une carte verte, la fameuse Green Card, celle qui permet de bosser aux Etats-Unis. Il ne s'en servit que plusieurs mois plus tard. Encore un épisode de dingue dans une vie d'éternelle insouciance. Certaines personnes passent toute leur existence sans que rien ne se passe, tandis que moi, à cinq ans à peine, j'avais déjà vécu de quoi écrire une autobiographie complète. Cela étant dit, de cette période digne d'un feuilleton américain, je n'ai aucun souvenir. Ma mémoire s'éclaircit uniquement avec le séjour mexicain qui va suivre.

Une chose bien étrange que la mémoire... Je crois savoir que, malgré les coups de poing pris dans la gueule, sur le ring comme en dehors, la mienne fonctionne vraiment très bien. Mes souvenirs sont des compagnons qui agrémentent souvent mes moments d'errance. Depuis ma dépression de 2002, ça ne fonctionne pas toujours, loin de là, mais bon... Je fixe mon regard sur un objet quelconque et mon œil divague, comme pour fournir un écran blanc à ma projection mentale. Le film démarre...

Du Mexique, je garde des images bien précises. Je me souviens d'une multitude d'événements plus ou moins importants. Papa avait été engagé dans l'un des théâtres les plus prestigieux du pays, le Blanquita. Son succès était énorme et, entre les représentations, nous volions de shows en spectacles.

Parfois, il faisait également des consultations d'occultisme. Son magnétisme naturel ainsi que ses compétences techniques faisaient merveille. De ses voyages en Inde et en Himalaya avant ma naissance, papa avait acquis un savoir précieux. Sa volonté d'apprendre et de comprendre a toujours été fantastique. L'exubérance de son caractère semble en contradiction avec sa prodigieuse capacité de concentration et de méditation. C'est un de ses nombreux mystères.

En ce qui me concerne, je ne sais pas trop quoi penser de ces pratiques. J'imagine qu'il doit bien se passer des choses, mais je n'arrive pas, malgré tout ce dont j'ai été témoin, à me débarrasser d'un scepticisme naturel. Enfin, tel n'est pas réellement le sujet.

C'est au cours d'une séance dans une maison censée être habitée par des esprits maléfiques qu'un truc vraiment étonnant se produisit. Il y avait une famille mexicaine très aisée qui habitait une grande demeure. Papa fut appelé par ces gens convaincus que leur habitation était tout simplement hantée. En « auscultant » la villa, « Maître Tamao » découvrit un passage secret au fond d'un placard. Il y avait là une trappe dissimulée, qui permettait de descendre à un niveau situé en dessous de la maison. Dans la cache se trouvait un fabuleux trésor...

Je sais qu'une fois de plus mon histoire va paraître pour le moins surprenante, voire même carrément imaginaire, mais que voulez-vous... Est-ce un crime que d'avoir vécu des choses dingues ?

Mon père attire l'insolite comme le métal attire la foudre. Sa vie n'est qu'une succession d'improbable, d'impossible et d'incompréhensible. Je n'ai hérité que d'un millième de cette faculté incroyable et pourtant... Regardez ma vie.

Cette fois-ci encore, le fabuleux avait frappé à la porte de son destin. Outre de l'argent, il y avait une carte supposée avoir été faite de la main même du très fameux Pancho Villa, indiquant la place d'une autre cachette.

Quelque temps plus tard, c'est une femme de ménage dans un hôtel aux States qui, croyant bien faire son travail, jettera ce vieux papier tout sale et tout jauni à la poubelle. En ce qui concerne le magot, les autorités mexicaines mirent la main dessus sans laisser d'argent à mon père et presque rien aux propriétaires de la maison qui avaient commis l'impair de prévenir qui de droit (une chose pourtant bien rare sous ces latitudes). La loi mexicaine est ainsi faite. Croyez-moi, personnellement, si un coup de bol pareil m'arrivait un jour, je me garderais bien de prévenir qui que ce soit, à part peut-être mon banquier et ma femme.

Dans un autre registre, mais toujours dans les trucs qui n'arrivent qu'aux Bénichou, c'est à Monterrey qu'intervint l'un des épisodes les plus incroyables de ma vie. Nous logions dans un bel hôtel et mes parents, malgré mon très jeune âge, m'avaient envoyé chercher des clopes à la réception. Je ne sais pas pourquoi je suis sorti dehors. Je crois que je voulais simplement me promener. Il faut dire que je n'étais qu'un tout petit garçon de trois ans. Certes, notre façon de vivre m'avait formé extrêmement tôt à une certaine dose de responsabilité, mais tout de même... Un gosse, ça fait des conneries et, pour une fois, je n'ai pas failli à la règle.

Je me promenais donc dans les rues de Monterrey en pleine nuit. Nous vivions à l'hôtel Kidnac, propriété d'un des frères Gemayel, qui fournit par la suite un certain nombre de dirigeants au Liban, dont un Président assassiné. Je me rappelle m'être repéré par rapport à une pub lumineuse gigantesque. Chemin faisant, je suis tombé sur un cireur de chaussures de dix, douze ans, qui m'a emmené avec lui. Dans un premier temps, le « grand » me semblait très sympa et m'a déclaré qu'il allait m'accompagner chez moi. Pourtant, nous nous éloignions manifestement de l'enseigne lumineuse. Alors j'ai pris peur. J'ai commencé à pleurer et même rapidement à crier. Une femme très gentille, du type « mama mexicaine », est intervenue, engueulant ce gosse qui tentait de m'enlever et m'a ramené chez elle. Moi, j'étais perdu, je ne connaissais pas le nom de l'hôtel et nous en étions très loin. Pourquoi n'a-t-elle pas tout simplement appelé la police, je ne saurais répondre. J'imagine que la méfiance envers les flics était une chose innée chez les Mexicains très pauvres, surtout à la fin des années 60.

Pendant ce temps, dans la chambre d'hôtel, mes parents, ne me voyant pas revenir, commençaient à s'inquiéter. Ils étaient alors des gens très connus qui passaient régulièrement à la télévision.

Les flics avaient été appelés et furent rapidement sur les dents. Même la frontière fut surveillée. On craignait le pire.

Deux jours s'écoulèrent, sans aucun nouvel élément. Finalement, ce fut grâce aux indications de chauffeurs de taxi que je fus retrouvé. Les flics diront à mes parents que le but du « kidnappeur » était probablement de me couper la main pour faire de moi un enfant mendiant rentable, un truc très en vogue à l'époque.

En dehors du terme « enlèvement », qui, en lui-même, est déjà une chose peu banale, cet épisode se révélera extrêmement important dans mon parcours. En fait, à partir de ce moment, je suis devenu aux yeux de mes parents un enfant-roi. Ils avaient eu très peur et vont devenir extrêmement protecteurs à mon égard. Rapidement, le petit Fabrice Bénichou va profiter de la situation. Me voilà la vedette d'un couple de vedettes. Le pied !

En parlant de célébrité, c'est durant cette parenthèse mexicaine que j'eus l'incroyable honneur de rencontrer Frank Sinatra en personne. J'étais un tout petit gamin et ce nom ne me disait rien. Le seul souvenir que j'ai de lui est un vol en avion privé, durant lequel j'observais mon papa, seul héros dans mes yeux d'enfant, se livrer à des acrobaties à bord de son zinc. Plus tard, j'ai bien sûr interrogé mon père sur les raisons de la présence de cette méga star au Mexique à nos côtés.

En fait, cela n'a rien de bien mystérieux. Mes parents fréquentaient à l'époque une « femme du monde » nommée Lola la Belle, à la fois mère maquerelle de bordels de luxe et jet-seteuse invétérée. Or il se trouve que ce brave Frank, toujours à l'affût d'un bon coup et grand amateur de femmes, en pinçait pour la fille de Lola, alors âgée de quatorze ou quinze ans. Pour être parfaitement honnête, je ne garde aucun souvenir précis de la belle. Mais, à entendre le récit de mes parents, il s'agissait d'une fille tout bonnement magnifique.

J'ai revu Frank Sinatra bien des années plus tard. Face à cette légende, la seule connerie que j'aie été capable de sortir fut de lui demander s'il se souvenait de Lola la Belle. Quel con... une pute qu'il s'était envoyée quelques années plus tôt.

Visiblement gêné, le beau Frank m'a bien entendu répondu que non. C'était dans les salons d'apparat de la mairie de Paris. J'avais été invité en compagnie d'autres célébrités françaises à remettre les clés d'or de la ville à Frank Sinatra, Sammy Davis junior et Lisa Minelli. Je me suis pointé avec mon perfecto de cuir. La plupart des invités, compte tenu de la formule : « Vous êtes invité à remettre les clés d'or de la Ville de Paris à... », pensaient que ce serait eux qui personnellement donneraient les clés à ces stars légendaires. Il fallait voir leurs gueules !

Mon ego s'en est bien tiré ce jour-là comparé à d'autres, et ce malgré ma gaffe grotesque face à Sinatra. Sammy Davis m'a fait un clin d'œil en mimant la boxe et disant : « You're a fighter ! » J'ignore où il l'avait appris, mais ce geste m'a revigoré quelque peu. Rien à dire, je garde au fond de moi un côté groupie.

Pour en rester à la rubrique « jet-set » et revenir à ma prime jeunesse au Mexique, même si j'ai tout oublié de la cérémonie, je fus baptisé à cette époque, de manière civile et informelle. Ma « marraine » se nommait Columba Domínguez, sorte de Céline Dion mexicaine de la fin des années 60. Encore une fois, pour moi, l'essentiel était que mon père sache faire des choses incroyables dans un avion ; je ne comprenais rien à tous ces gens, ni à toute cette hiérarchie sociale.

C'est aussi à cette époque que j'ai rencontré mes premiers boxeurs. Devant le Blanquita tout d'abord, où l'on m'a fait prendre la pose. José « Mantequilla » Nápoles était venu voir le spectacle de mes parents. Je me souviens de son rire devant ma posture de pseudo-bébé boxeur. D'un air nonchalant et sans se rendre compte de ce qu'il disait, il a déclaré, attendri : « Un futur champion. »

José n'avait pourtant pas de boule de cristal sur lui. Quelques années plus tard, en Israël, c'est aussi une prophétie qui changea ma vie. A cette époque, il ne s'agissait que d'une simple boutade. Je ne pensais pas particulièrement à la boxe, même si, avec le recul, mon destin devait être déjà en marche.

Je rencontrai mon deuxième boxeur peu après et pénétrai pour la première fois dans une salle d'entraînement. C'était dans un bled incroyable dont j'ai oublié le nom. Le Mexique était vraiment un pays très très pauvre à l'époque. Je me souviens d'un petit village de peut-être deux cents ou trois cents habitants, sans aucune route goudronnée. Pourtant, il y avait là une salle et, dans cette salle, l'Alacran Torres, un futur champion du monde des poids mouches, dont mon père assura la préparation psychologique quelques années plus tard.

Dans un village sans aucun confort, les gosses avaient un lieu où boxer. La boxe est là-bas une institution, un exutoire à une vie difficile, tout autant que la seule chance, même infime, de sortir de la misère. Il est difficile dans nos pays occidentaux de comprendre cette noblesse de la boxe. Ce sport est une des seules possibilités de rêver offertes à ces gens qui souffrent d'une existence extrêmement pénible. Ceux qui, en France ou ailleurs, le cul confortablement calé sur leur canapé en cuir, détestent la boxe et disent qu'il s'agit d'un sport de brutes devraient au moins respecter cela !

Dans ce petit bled paumé du fin fond du Mexique, pénétrant dans une salle pour la première fois de ma toute jeune existence, je pouvais sentir cette stupéfiante odeur dont j'ai déjà parlé plus haut.

En Amérique du Sud, la fragrance est si forte qu'elle se grave dans le cerveau de manière indélébile. J'ai lu dans un de ces bouquins que je dévore que l'odorat est le sens le plus primaire et le plus profondément ancré dans l'émotion. C'est vrai ! Je suis bouleversé par l'odeur de ces salles, le parfum de toute une vie !

La boxe pour beaucoup est l'unique voie. La violence, dans ces pays-là, c'est la société elle-même qui l'engendre. La première raison en est la pauvreté. Lorsque tu vois ton gosse malade crever à petit feu par manque de soins, crois-moi, la boxe te semble une douce caresse. Je me souviens d'un curé qui, à Acapulco, pour attirer le badaud et récolter des sous pour les bonnes œuvres de sa paroisse, faisait un truc complètement dingue. Des touristes à la con lui balançaient de l'argent et il plongeait du haut de la falaise d'au moins vingt ou trente mètres, pour aller à la pêche aux pièces. Dans mes moments de lucidité, j'ai parfois honte d'être un Occidental.

Il est facile, lorsqu'on vit même chichement en France, de jeter la pierre, ou de s'attendrir sur les malheurs du tiers-monde. C'est une manière comme une autre de se donner bonne conscience et même pour certains de s'émouvoir véritablement, au moins le temps d'un documentaire.

Là-bas, pour les gosses, la boxe c'est un rêve, comme ici la *Star Academy*. Tous les petits garçons rêvent de devenir une terreur du ring, pour enfin être reconnus, respectés et même tout simplement aimés. J'ai grandi au milieu de ces mioches, sans être vraiment l'un d'entre eux. Ils ont été mes camarades, mes emmerdeurs, mes amours d'enfance et mes compagnons d'un bout de vie. Je suis devenu un champion du monde aussi à leur contact. Je leur devais bien cette petite mise au point.

Cela étant dit, de nos jours, tout va quand même mieux au Mexique, en partie grâce au tourisme. L'expression : « pays en voie de développement » semble enfin être autre chose qu'une hypocrisie. Un truc de statisticiens et d'économistes occidentaux pour éviter de nous choquer avec des vérités telles que : « pays en train de crever de misère et d'injustice, pendant qu'on regarde nos merdes à la télé ».

A la fin des années 60, c'était une autre chanson. J'ai assisté aux deux tremblements de terre terribles qui ont secoué le pays à cette époque. Le seul qui m'ait laissé un souvenir marquant est celui d'Acapulco. Nous étions assis à une terrasse sur un promontoire qui domine la route en contrebas. J'ai vu les bagnoles semblables à des petites voitures pour gamins se balancer de gauche à droite. Papa crut que c'était moi qui faisais bouger sa chaise en jouant. Au bout du deuxième : « Fabrice, arrête ! », il s'est aperçu que j'étais loin de lui.

Nous n'étions pas comme eux. Nous avons été dérangés pendant notre pot, eux, ils ont perdu leur maison et pour beaucoup le travail de toute une vie, voire la vie elle-même. Le respect commande de garder les yeux ouverts quant à sa propre réalité et celle des autres. Nul doute que pour nombre de petits Mexicains de l'époque, le souvenir de ce terrible jour fut beaucoup plus cuisant qu'une simple histoire de chaise qui bouge.

En plein séjour mexicain, le passé rattrapa papa. Vint le temps du procès pour l'histoire de la came entre la Belgique et les Etats-Unis. Il fallut à toute la petite famille Bénichou émigrer vers les Etats-Unis. Grâce à la Green Card négociée avec le gouvernement de l'oncle Sam, papa travailla à des expérimentations paranormales avec la Nasa à Houston. Nous étions bien logés et traités comme des amis.

Papa se livrait à toutes sortes d'expériences sous le contrôle de scientifiques qui le traitaient comme un grand monsieur, un phénomène. Toujours pourchassés par leurs démons de la scène, mes parents montaient sur les planches dans des cabarets le soir et entre deux allers-retours pour New York en vue du procès. Je crois que nous étions heureux.

Des cabarets du Texas, je garde un souvenir confus, néanmoins bien vivant, des loges. Mes parents avaient une grande valise et j'adorais plus que tout me coucher à l'intérieur. Durant leur spectacle, j'y passais le plus clair de mon temps, allongé, sous les yeux de ma nounou distraite. Les danseuses m'adoraient. Pensez donc... Un tout petit bout de chou dans une valise, en pleine boîte de strip-tease. J'avais la cote. Bien sûr, le corps féminin n'éveillait encore en moi rien de sexuel, mais, malgré tout, il devait bien y avoir quelque chose de cet ordre. Disons que tant de beauté et de différence me faisait déjà rêver. Contrairement à celle des hommes, leur sueur sentait bon, délicieusement bon.

La journée, j'allais à la garderie et je me souviens parfaitement avoir été obsédé par mes vêtements. J'adorais plus que tout être bien habillé. Ma maman chérie m'achetait des petites chaussures, des petits pantalons et des petites chemises. J'étais tel un nabab, jouissant de mon statut d'enfant-roi. Depuis l'« enlèvement » de Mexico, mes parents me cédaient tout ou presque. J'en usais et même en abusais. J'en ai honte aujourd'hui, d'autant plus qu'à part mes boots de motard, mon vieux jean et mon bandana, aujourd'hui je me fous royalement des fringues.

C'est aussi à Houston que je vécus pour la première fois une véritable baston. Nous étions avec papa dans une salle de billard. Je sais, on va me dire qu'un enfant n'a rien à faire dans un billard de Houston en pleine nuit, tandis que son père joue pour de l'argent. C'est oublier que nous étions, et sommes toujours, d'ailleurs, des saltimbanques. Ce que j'ai vécu est certes « hors norme », mais j'ai eu la chance incroyable d'être aimé par mes parents. Si une éducation classique n'était pas vraiment leur truc, ils ont su m'entourer d'attention et d'amour. Alors, qu'importent la norme et les formes.

Bref, ma mémoire s'amuse à la simple évocation de ce soir à Houston. De l'argent circulait de main en main et les paris allaient bon train. En reconstruisant mes souvenirs de gosse, je revois la scène, en comprenant beaucoup mieux les tenants et les aboutissants. A l'époque, j'ai simplement vu mon papa adoré se battre avec un gros monsieur et lui mettre une raclée mémorable.

Le pauvre tricheur s'est pris des coups de queue dans la gueule et a eu le droit à un ravalement complet de la façade. Pour la première fois de ma vie, j'ai moi-même cogné. Avec mes petites jambes, j'ai envoyé un coup de pied dans ses mollets de mauvais joueur. Mon père était fier de moi et je me sentais un héros. Le type avait triché, la leçon lui a sans aucun doute été profitable. Je ne suis pas partisan de la violence, mais je ne suis pas non plus le Mahatma Gandhi. Il y a des gens qui ne comprennent qu'un bon pain dans la tronche, et si ce sont aussi des créatures de Dieu, eh bien, je ne dirai qu'un mot : Amen !

De ce séjour américain, nul doute qu'en termes de coup de poing à prendre dans la gueule, il y en a un qui mérite le prix spécial du jury. Difficile encore aujourd'hui d'en parler. Je me sens honteux et mal à l'aise à la fois, seulement je crois qu'aujourd'hui il faut que cela sorte, ne serait-ce que pour expliquer une partie de mes errances.

Mes parents m'avaient fait garder par un ado de quinze-seize ans. En dehors du drame, je n'ai que peu de souvenirs le concernant. C'était un grand con comme le monde en regorge. Le genre de type à l'instinct bestial et au cerveau non opérationnel en dehors de quelques fonctions vitales de base.

Un soir que ce fils de p... me gardait, il décida de m'emmener, sous prétexte de voir la vue, dans l'appartement penthouse situé en haut de l'immeuble que nous habitions. Je ne me souviens plus comment cet âne se trouvait en possession des clés. J'étais bien jeune et ce genre de détail n'a strictement aucune importance. Bref, nous voilà là haut à « regarder la vue ». Moins de deux minutes après notre arrivée, il sort son sexe de sa braguette et me demande de le sucer. J'ai honte, je pleurais, j'avais si peur, je l'ai fait... Crève en enfer, connard !!!!!!!

Mes parents n'en ont jamais rien su...

V

Après le Texas, la bougeotte s'est de nouveau emparée des Bénichou. Nous avons filé vers de nouvelles aventures au Venezuela. Le procès et les expériences de la Nasa étaient terminés et nous n'avions plus rien à faire chez l'oncle Sam.

C'est au Venezuela, à la *via* Casanova de Caracas pour être plus précis, que j'ai goûté pour la première fois à l'école. Mes parents m'avaient déjà appris à lire et à écrire. De fait, j'étais très en avance pour mon âge. Après des tests d'aptitudes, je me suis retrouvé avec des gosses de sept, huit ans, beaucoup plus âgés que moi alors que je n'avais que quatre et demi, cinq ans. Il me fallut m'imposer malgré les quolibets et frustrations en tout genre.

Les gamins peuvent être d'une méchanceté, voire même d'une cruauté sans limites. J'appris alors à me battre. J'étais doué, très doué, même. Je sais, j'ai conscience de parler de mon expérience scolaire un peu à la manière de *Prison Break*, mais j'étais simplement différent. En plus d'être petit de taille, je me permettais l'outrecuidance d'être un étranger. Les gosses ont horreur de la différence.

L'enfance chez tous les mammifères est l'école de la vie. Moi, j'apprenais la connerie, celle des autres j'entends, car ce n'est que bien plus tard que j'ai pris pleinement conscience de la mienne...

Dans l'école suivante, un établissement tenu par des bonnes sœurs, les choses ont empiré. Il ne se passait pas une seule journée sans que je me bastonne. J'ai fini, je crois, par trouver la chose parfaitement normale. Je ne rêvais pas de boxe, de ring ou de quoi que ce soit de ce genre. Je me défendais, c'est tout ! Il se trouve que je ne le faisais pas trop mal et que les ratiches de quelques galopins vénézuéliens doivent encore aujourd'hui s'en souvenir.

J'ai déjà parlé de la découverte que je fis de ma grand-mère paternelle, dans cet hôtel de montagne près de Caracas. Je me dois néanmoins d'ajouter que je fis là-bas une des rencontres les plus incroyables de mon existence (et pourtant j'en ai fait un certain nombre). Ma grand-mère travaillait dans la promotion immobilière et avait pour associé un Français au surnom étrange : Papillon.

Je ne savais rien de son histoire. J'étais trop jeune. Je trouvais son nom simplement magnifique et tout empreint de rêve. Le type n'avait pourtant pas l'air d'un héros du genre Steve McQueen. C'était un bonhomme bien en chair d'une cinquantaine d'années, que j'ai vu en slip kangourou et en débardeur. Malgré cela, il émanait de sa personne quelque chose de différent, de surréel.

Il ne s'agit nullement d'une reconstruction de mon cerveau d'adulte, même si, une fois de plus, c'est ma mémoire olfactive qui reste la plus vivace. Papillon portait « Pour un homme » de Caron. En sentant, bien des années plus tard, ce parfum dans une parfumerie d'Israël, je l'ai reconnu et adopté. Durant des années je n'ai moi-même mis que cela, en une sorte d'hommage posthume à une rencontre trop furtive.

Mon destin continuait à se mettre en place, doucement mais sûrement, au fil de nos pérégrinations à travers le monde. On apprend tous les jours lorsque les yeux restent grands ouverts et que l'esprit ne se ferme pas à la moindre différence, à chaque nouvelle expérience. En observant les exploits de mes parents très jeunes, je crois que j'ai compris instinctivement l'incroyable pouvoir de l'esprit humain.

C'est à cinq ans que je fis mes premiers pas sur le petit écran à la télévision vénézuélienne. L'enfant « prodige » Fabrice Bénichou se livrait avec papa et maman à un numéro de yoga. Je me souviens du présentateur vedette, une véritable star à cette époque au Venezuela. Il s'appelait Amador Bendayán. C'était un monsieur apparemment plutôt gentil, avec un cintre dans la bouche en guise de sourire.

Après mon numéro, Bendayán me prit à part et me posa une question pour le moins incongrue : « Que es un gran bobo ? », ce qui pourrait se traduire par : « Qu'est-ce qu'un grand crétin ? » Sans me démonter le moins du monde, j'ai répliqué : « Un bonbon. » Le gars m'a regardé incrédule et a souri. J'étais très mignon avec mes petites bouclettes. Aujourd'hui, je l'aurais sans nul doute envoyé se faire cuire un œuf. Mes bouclettes se sont envolées et, avec mon bouc, j'ai horreur d'être pris pour une chèvre.

Nous avions sillonné le Venezuela en tous sens et il était temps de partir à nouveau, direction Porto Rico.

J'avais huit ans, je me sentais porté par la vie et chacune de mes actions se déroulait comme dans un film, tel un personnage de roman, de conte. Aucun rêve d'avenir ne m'animait vraiment. Tout cela est venu bien plus tard. A ce moment précis, je n'étais que le simple spectateur hypnotisé et incrédule de ma propre existence.

Je me souviens de mon premier Halloween à Porto Rico. Pour ceux qui l'ignoreraient, Porto Rico fait partie des Etats-Unis. Là-bas, pour cette fête traditionnelle chez les Anglo-Saxons, les gosses ont un grand truc. Il ne s'agissait pas d'aller chercher des bonbons en sonnant à toutes les portes comme en métropole. Non, le kif, c'était de se balancer des œufs pourris en pleine gueule. Comme d'habitude, avec cette modération qui me caractérise, j'ai poussé le bouchon un peu loin.

Garée dans la rue, il y avait là une de ces limousines aux proportions ridicules qu'affectionnent particulièrement nos amis d'outre-Atlantique.

Dans leur candeur et l'esprit probablement obnubilé par les dollars qui s'échangeaient, ces hommes d'affaires en costume avaient oublié de fermer leur fenêtre. C'est con, surtout qu'ils avaient la clim, même à l'époque. Sûr de mon bon coup, je me suis approché de la bagnole et j'ai balancé deux bons œufs bien puants en plein dans leurs figures. J'imagine ces types, préoccupés par des histoires de contrats immobiliers ou autres, se prenant des œufs pourris en pleine poire.

Je courais vite, heureusement, car une terrible fessée m'attendait probablement. A y repenser aujourd'hui, nul doute que je la méritais, mais malgré toutes ces années de boxe à me prendre des coups dans la gueule et à en donner, je reste un gars douillet. Il ne faut pas se fier aux clichés de virilité à deux balles ou autres concernant mon sport. Je ne suis absolument pas maso, que ce soit dans la vie ou au lit.

Question cul, je suis un mec normal ; ma perversité est limitée au strict minimum. Il me faut bien, malgré mes dingueries, être normal quelque part. Disons pour faire court que cela maintient un certain équilibre. Je me comprends...

A peine installés, il fallut de nouveau quitter le pays. Papa voulait se crucifier comme au Canada et, suite à de nombreuses plaintes de ligues chrétiennes, la chose fut totalement impossible à réaliser à Porto Rico.

Nous dûmes filer vers Saint-Domingue, tout autant pour fuir les troubles que notre présence commençait à susciter chez certains, que pour suivre notre éternelle quête d'absolu sous d'autres horizons.

A Saint-Domingue, nous logions tantôt à l'hôtel, tantôt chez le vice-Président, après avoir été son voisin. Le vice-Président, dont le nom aujourd'hui m'échappe, était un gros monsieur très gentil. Seulement je n'avais plus mes camarades mexicains ou américains. Comme chaque fois que nous changions de pays, je devais me refaire des copains en partant de zéro, ce qui eut deux conséquences directes. La première est que cette relative instabilité géographique a renforcé mon attachement au clan Bénichou, car nous formions bien un clan ; et la seconde est que j'ai pu développer de la sorte une certaine indépendance affective vis-à-vis de l'extérieur. Une indépendance qui, compte tenu de mon extrême sensibilité, m'a été d'un grand secours durant ma vie d'adulte, en m'évitant, j'en suis convaincu, un grand nombre de désagréments sur le plan amical. Malheureusement, le truc n'a pas vraiment marché sur le plan sentimental. Comme le chante si bien Mick Jagger, encore aujourd'hui malgré son âge avancé : « You can't always get what you want ! »

A Saint-Domingue, comme partout en Amérique du Sud, la plupart de mes petits copains étaient des cireurs de chaussures. Seulement, avec cette bande-là, les choses avaient très très mal débuté. Les présentations ont été bien rudes, c'est le moins qu'on puisse dire. En fait, quatre ou cinq gamins m'ont un jour sauté dessus, peu de temps après notre arrivée.

Un des gosses m'a carrément balancé de l'essence au visage, peu avant que toute la bande se jette sur moi et me roue de coups. Dans mon malheur, j'avais eu un réflexe salutaire, celui de fermer les yeux. Sans cela, je pense que je n'aurais pas pu m'en sortir indemne. Je prenais une peignée terrible et il me semblait totalement impossible de me tirer d'affaire, sauf que... un de ces petits cons avait un trou à l'arrière de son short.

Je sais que mon attitude à ce moment précis n'eut rien de bien noble et je n'en tire aucune gloire, mais que voulez-vous... D'un geste brutal et soudain, j'ai enfoncé mon doigt dans son cul. L'agresseur stupéfait s'est mis à hurler, tandis que ses potes se sont retrouvés tout cons. Après un instant de silence et d'immobilisme, les assaillants ont pris le parti d'en rire. Le petit gringo avait un sacré toupet. Moi, j'avais le doigt qui puait la merde, mais je m'étais fait de nouveaux copains, tout allait donc pour le mieux dans le meilleur des mondes possibles.

Pendant que je faisais les quatre cents coups avec mes potes, papa avait décidé de refaire le vieux truc de la croix. Seulement, cette fois-ci, il ne serait pas le seul à se crucifier. Maman serait aussi de la fête. Pour épargner ses pieds de danseuse, il avait été décidé toutefois qu'elle n'aurait pas de clous dans les pieds. Un aménagement bien léger, lorsqu'on pense à l'incroyable geste en lui-même.

Durant trois jours, dans la cour d'un grand hôtel, mes parents sont restés cloués sur cette croix. Je n'avais aucune appréhension. Encore une fois, dans mon cerveau d'enfant, la chose m'apparaissait normale.

La scène était pourtant digne d'un film de Kubrick. Mes parents se trouvaient là, crucifiés devant les yeux de spectateurs incrédules et ébahis, et moi, avec mon petit vélo, je faisais le tour des croix, me servant de ces dernières comme de bornes dans mon incessant voyage imaginaire.

La nounou qui me gardait me laissait plus ou moins librement déambuler dans le hall de l'hôtel. Il y avait à l'intérieur une chaîne de télévision locale et c'est par elle que je fis plus tard ma deuxième expérience du petit écran, toujours dans un rôle d'enfant yogi. Tandis que mes parents enduraient leur supplice mystique, je me souviens d'un groupe de catcheurs qui se tenait là, dans l'attente d'un passage à l'antenne.

Avec cette relative naïveté qui me caractérisait, je me suis approché de l'un d'eux avant de lui demander si le catch n'était pas du chiqué et s'il portait vraiment les coups. Il faut dire à ce stade du récit que, à l'époque, je n'en étais pas sûr, tandis qu'aujourd'hui je ne peux m'empêcher de penser que les catcheurs sont des acteurs qui jouent aux hommes, à la manière de tafioles dans un western.

Toujours est-il que cette espèce de sadique m'a pris le bras et l'a serré de toutes ses forces avant de le tordre derrière mon dos. Ça, faire du mal à un gosse, il en était capable ! Je me souviens m'être dit : « T'as de la chance que mon papa soit sur la croix, qu'est-ce qu'il t'aurait mis, connard. »

Le type me martyrisait et se sentait le roi du monde. Je suis sûr que sa bite était si petite et sa femme si frustrée qu'il devait se croire en devoir de passer sa nullité en s'attaquant à un gosse. Je voulais juste savoir, moi ; il s'agissait sincèrement d'une simple curiosité enfantine. Je rêverais aujourd'hui d'avoir ce trou-du-cul en face de moi sur un ring, histoire de lui passer l'envie de s'attaquer à des enfants.

En parlant d'enfance, mon gosse me manque. Il me manque à en devenir fou ! Etre père, c'est savoir passer le relais. J'étais trop jeune, et surtout non abouti, lorsque j'ai eu mes trois premiers. Avec Melchior, je me sens plus apte. Je les aime tous autant les uns que les autres, simplement, j'espère être devenu, avec l'expérience, un peu moins con.

Quoi de plus précieux que l'enfance ? De ses petits yeux grands ouverts, chaque vision est une nouvelle découverte. J'aimerais tant retrouver ce regard-là et m'émerveiller devant toutes ces choses. C'est peut-être parce que je ne le peux plus que je suis enfin devenu un père un brin plus efficient.

Quand on y pense tout de même... Quelle merde que la lucidité de l'âge adulte. Mes copines putes par exemple, qui tapinent dans cet hôtel pourri de Panamá City. Croyez-vous qu'elles ne rêvaient pas comme toutes les petites filles de princes charmants ? Bien sûr que si ! Mais les voilà contraintes, pour simplement survivre dans ce monde de merde, de se faire souiller tous les jours par de pauvres types bien dégueulasses, comme je suis contraint, moi, à remonter sur le ring, loin des miens, simplement pour assurer un minimum leur avenir et leur sécurité. La maturité ressemble bien souvent, à y regarder de plus près, à de la résignation. Il ne sert à rien de courir, ton rêve crèvera à temps. Quand les nôtres sont loin, on pense au manque et ce manque emplit notre âme tout entière.

Tout me manque chez Laurence et Melchior : leur voix, leur odeur, leurs cris même. Comme j'aimerais en ce moment les entendre gueuler. Mais non... A la minute où glisse ma plume sur ce vieux cahier d'écolier, mes oreilles ne perçoivent guère que les faux cris de jouissance de cette brave Angelita, qui tapine dans la pièce d'à côté. Le client doit croire qu'il est un dieu au pieu. Tout de même... Faire jouir une pute ! Pauvre crétin...

Quelle grande âme que cette Angelita. Peut-être est-ce simplement une manière bien à elle de se mentir pour pouvoir continuer l'infamant. Ce n'est pas de la pute de luxe ici, certes, non... Au moins elle crie, elle vit, ou fait semblant de le faire, ce qui après tout revient peut-être au même. Il paraît que des femmes bien sous tout rapport font aussi à un moment de leur vie semblant de jouir, alors pourquoi pas ma petite et grosse Angelita ?

L'hygiène n'est peut-être pas son fort mais, après tout, ce n'est pas ce que ses clients bien dégueus lui demandent. Elle est une part de rêve, un brin de vie dans un océan de nulle part. Je la respecte profondément pour cela.

Dans notre hôtel quatre étoiles de Saint-Domingue, à l'époque de la seconde crucifixion, j'étais trop jeune pour avoir le souvenir d'avoir croisé des filles de joie. Il devait y en avoir, c'est sûr, mais à un autre tarif et avec une autre gueule qu'ici, à Panamá.

Mon père était une vedette : « Maître Tamao », suivant son nom de scène. Les gens venaient le voir pour toutes sortes de choses. Son aura était celle d'un gourou indien sur les bords du Gange. De son périple en Inde, après son passage à la Légion, il avait ramené un enseignement précieux qui, allié à son charisme inné, lui ouvrait bon nombre de portes parmi les plus prestigieuses.

Malgré son bagout et sa « grande gueule », il faut bien comprendre que sa démarche était vraiment sincère. Derrière le show business qui nous permettait de vivre à cette époque très confortablement, il y avait d'authentiques aspirations spirituelles. Le pouvoir de l'esprit sur le corps et l'exploration des limites de ce dernier étaient une véritable quête. La pensée et le corps ne font qu'un ; ma carrière de boxeur m'a mille fois permis de vérifier l'exactitude de ce précepte. L'être humain n'a rien d'une machine. Nous sommes des énergies parfois contradictoires qui se bousculent, se croisent et s'entrechoquent. Mettez ne serait-ce qu'un peu de contrôle *via* l'esprit dans tout cela et vous obtiendrez des résultats insoupçonnés.

Lors de ses consultations en dehors de son métier de fakir sur scène, papa tentait de transmettre cela à ses patients. Il leur apprenait à maîtriser leurs forces, à se recentrer sur ce qu'ils étaient vraiment. A travers son enseignement, son magnétisme et son charisme, « Maître Tamao » faisait du bien aux gens, et je suis très fier de cela.

Bien sûr, je ne comprenais pas vraiment tous les tenants et les aboutissants, mais avec mes petits yeux d'enfant, je voyais ces sourires s'afficher sur les visages des gens qui venaient le voir en consultation. Mon papa faisait du bien, mon papa faisait rêver. Plus tard, je ferais de même !

J'ai la chance, malgré le désordre que cela a pu parfois engendrer, d'avoir eu des parents réellement incroyables. Je leur dois tellement, que mille bouquins ne suffiraient pas à tout expliquer. Tant de périples m'ont ouvert les yeux sur la beauté des différences, sur la soif de l'infini.

Dans les années 70, nous étions des globe-trotters dont la quête n'était rien d'autre que celle de l'absolu. Tu peux regarder une étoile et trouver joli qu'elle brille dans le ciel, tu peux te demander pourquoi elle brille et tu peux chercher à l'atteindre. Certains font une ou deux de ces choses, nous faisions sincèrement les trois. J'arrive même à croire que, quelque part, nous étions déjà en route.

Me plonger dans tous ces souvenirs, c'est un peu comme me baigner dans un rêve d'absolu. Une partie de cette incroyable énergie qui était la nôtre me parvient encore, certes affaiblie, néanmoins bien vivace. J'en ai vu des pays, des langues, des coutumes... Où que tu ailles, la connerie est la même. C'en est désespérant... La beauté aussi, remarque...

Quittant Saint-Domingue peu de temps après la crucifixion, nous partîmes pour la Grosse Pomme, New York... C'est dans cette « capitale du monde » que j'ai connu ma première petite aventure amoureuse de gamin, avec une très jolie métisse dans un hôtel dont j'ai oublié le nom. La fillette me montrait partout en me tenant par la main et en déclarant à qui voulait bien l'entendre : « He's my boyfriend » (c'est mon petit ami). Je n'étais pas peu fier... J'avais une amoureuse, il ne tarderait guère que je devienne un homme.

Le suis-je aujourd'hui vraiment devenu ? A dire vrai, il m'arrive d'en douter au plus haut point. J'aime cette part d'insouciance que je continue à trimballer. Bien sûr, elle m'a causé un certain nombre de désagréments, mais je lui dois une sorte de fraîcheur et une certaine candeur, qui m'aident parfois à supporter cette médiocrité des rêves de l'âge adulte. Comme il est doux de rêver et surtout de vivre à fond l'illusion du songe. La réalité, même lorsqu'elle finit par les produire, n'est jamais à la hauteur.

L'adulte se résigne à prendre moins de plaisir à réaliser ses rêves (lorsqu'il a la chance incroyable de pouvoir le faire) qu'il en avait à les concevoir au début de sa vie. J'ai beaucoup rêvé étant enfant, comme tout le monde ! J'étais une sorte de héros sans peur et sans reproche. Disons, pour faire sobre, que le temps m'a apporté un autre regard sur moi-même. Je regrette cette époque. Dieu que c'était bon !

Il fallait me voir bras dessus, bras dessous avec cette « première compagne ». Nous étions des enfants, il va de soi que nous ne fîmes rien, même pas jouer au docteur.

Nous devions être vraiment super mignons. J'ai oublié son prénom... La belle doit être mariée, flanquée de quatre ou cinq moutards à l'heure qu'il est, et obèse à force de s'envoyer des Big Mac et des milk-shakes. A l'époque, je la trouvais jolie.

Ma première amoureuse ne saura probablement jamais que je parle d'elle dans un livre et que, avec un peu de bol, je ne serai pas le seul à le lire. Que Dieu la bénisse, comme tous ceux qui ont su, à travers mon existence, apporter un sourire rédempteur sur mon visage d'éternel tourmenté.

J'ai un autre souvenir de New York. Nous étions avec papa en train de nous promener sur une des plages de Brooklyn. Il y avait là un gamin qui fumait un joint avec son père. Je savais très vaguement ce que c'était, mais bien entendu, à cet âge, je n'y avais jamais goûté. Il me faut admettre que je me suis bien rattrapé depuis... c'est une autre histoire.

Nous nous trouvions donc face à un gosse de dix-douze ans qui fumait de la drogue illicite le plus tranquillement du monde, devant les yeux attendris de son père. Le mien n'a rien d'un moraliste, mais tout de même, il ne put s'empêcher de demander à son homologue américain pourquoi il laissait un gosse si jeune faire une chose pareille. La réponse du père fut simple : « C'est très bon pour mon fils, ça lui ouvre l'appétit. » Même s'il est vrai que fumer de l'herbe est un des plus sûrs moyens d'avoir une envie irrésistible de piller le frigo, la connerie de certains touche vraiment des profondeurs insondables.

Sans le savoir à l'époque, j'allais rencontrer dans la Grosse Pomme l'homme que j'admire le plus. Si, en musique, il y a Mozart, en boxe, il y en a un qui survole la légende de ce sport, par son génie, son charisme et cette personnalité incroyable : Mohammed Ali.

Même les Beatles ont tenu à être pris en photo allongés devant lui. Je ne réalisais pas que j'étais en face d'un dieu. Je n'étais qu'un bambin spectateur de sa propre vie.

Comme j'aimerais revivre ce moment, lui dire : « Je t'aime, tu es LE modèle, l'inégalable, l'artiste de la boxe... El maestro ! » C'est la maladie qui l'a touché, sans néanmoins réussir à le mettre à terre. Cette saloperie de Parkinson qui bouffe le cerveau de bien des boxeurs a jeté son dévolu sur le plus grand d'entre eux. Je me souviens de lui, maîtrisant ses tremblements pour allumer la flamme olympique. Son combat face à la maladie est le plus important de sa vie et il est perdu d'avance. A moins que la science ne trouve rapidement comment stopper cette merde. De mon côté, j'ai une santé de fer, malgré toutes les conneries que j'ai faites. Je ne m'en tire pas trop mal, somme toute ! Je touche du bois, pourvu que ça dure et qu'elle ne devienne jamais molle !

La rencontre avec Cassius Clay était liée à l'une des nouvelles activités de mon père. Jamais à court d'énergie, le paternel s'occupait de la préparation mentale de Natalio Jimenez, un très grand boxeur de l'époque, au côté du grand Kahn qui l'entraînait. Rencontré pour la première fois au Mexique, nous l'avions suivi à New York, à l'époque de sa préparation pour son championnat du monde. Vous allez me dire qu'avec tout cela je devais déjà m'intéresser à la boxe et qu'il s'agit d'une suite logique pour le petit Bénichou. En fait, pas encore. A mes yeux, c'était un truc de papa, le faiseur de miracle, rien de plus.

C'est le football qui commençait à prendre sérieusement de la place, et j'enrageais de ne pas trouver beaucoup de copains pour jouer avec moi au *soccer*, comme l'appellent les Américains. A ce moment-là, personne ou presque là-bas ne connaissait ce sport et encore moins le pratiquait. La boxe était une des facettes du métier de mon père et je ne me sentais pas réellement concerné. C'est en Israël quelques années plus tard qu'eut lieu le déclic qui bouleversa à jamais mon existence.

VI

Une fois l'engagement avec Natalio Jimenez mené à son terme, mes parents décidèrent qu'il était temps de revenir en Europe et de me faire découvrir la France. Aussi fou que cela puisse paraître, je n'y avais guère mis les pieds de toute mon existence, même pas pour y naître. Je n'avais passé en tout et pour tout que quelques heures en Corse alors que je venais de voir le jour, et c'était tout.

J'appréhendais un petit peu la chose, car même si je parlais français avec mes parents depuis toujours, l'espagnol m'était bien plus familier et je maîtrisais mieux la langue de Cortés que celle de Molière. A dire vrai, j'avais un accent épouvantable. Le petit Fabrice Bénichou roulait les *r* comme une tourterelle, ce qui, allié à mon cheveu sur la langue, donnait un mélange pour le moins cocasse.

J'avais neuf ans. La première impression que je garde de l'Hexagone est commune à beaucoup de voyageurs venus d'Amérique et qui n'ont jamais mis les pieds sur le vieux continent. Tout me paraissait très petit. Les gens étaient petits (je sais, en songeant à ma taille, certains plaisantins vont se mettre à rire), les voitures étaient petites, les maisons étaient petites, les villes étaient petites, et ainsi de suite. J'avais la sensation de pénétrer dans un monde de poupées. Jamais je ne pourrai oublier cet incroyable choc que fut mon arrivée dans ce « petit » pays qui est le mien... Aujourd'hui, j'y suis habitué. Disons que j'ai grandi...

Je me suis coulé dans le moule français, et aujourd'hui au Panamá, j'ai les yeux rivés sur TV5. Pourtant, j'ai eu le plus grand mal à m'adapter au mode de vie de l'Hexagone. Les gens me paraissaient avoir une mentalité vieillotte et étriquée. La plupart des gosses français étaient des petits cons et je passais mon temps avec les fils de romanichels, les petits Arabes et les petits Portugais.

C'est d'ailleurs en me battant avec des petits gitans sur le pont d'Avignon que je fus à deux doigts de commettre un impair très sérieux malgré mon jeune âge. J'ai rossé ces crétins sur le pont et me suis mis en tête de les poursuivre. Heureusement, papa m'a vu et suivi. Arrivé devant le camp de gitans, il s'est excusé auprès des parents pour mon comportement. Ces derniers n'avaient pas l'air du tout commodes et une bonne partie de la communauté me serait tombée dessus.

Je n'ai jamais oublié la leçon, y compris récemment, lorsque je me suis fait piquer mon portefeuille. J'en ai déjà parlé plus haut. Il ne faut pas confondre courage et témérité, ni courage et grosse connerie. Malgré mes trois titres de champion du monde et mes cinq titres de champion d'Europe de boxe, je reste extrêmement prudent en cas de baston et j'évite soigneusement tout ce qui pourrait dégénérer. Oh, ce n'est pas tant par pacifisme que parce que je ne suis pas con et que je tiens à ma peau. Cela dit, je ne suis pas un agneau, et à l'époque j'étais très bagarreur. Pour simplifier, j'ai eu raison de leur flanquer une rouste même si j'en ai oublié la raison. En revanche, il a été très stupide de les poursuivre, vu que j'avais déjà eu le dessus.

En France, papa avait deux agents artistiques, Mme Volant et Marouani. Nous tournions dans tout le pays, sans réellement nous poser nulle part. Nous avions vaguement vu ma tante paternelle à Paris, mais nous étions d'une autre planète malgré sa gentillesse. Son mari Jean Durckheim était une sommité dans le monde de la presse et de l'édition. Nous étions des saltimbanques avec le cœur et l'esprit tournés vers les étoiles. Lorsque deux personnes se croisent, que l'une regarde le sol et l'autre le ciel, il est très difficile d'obtenir une communication vraiment enrichissante : au pire elles se rentrent dedans, au mieux elles ne s'aperçoivent même pas !

A Tours, nous nous sommes posés un petit peu. J'ai même été deux ou trois mois à l'école, au conservatoire. Je me souviens de quelques leçons de piano et de quelques bagarres, vraiment rien de plus.

C'est à Paris que je fis l'expérience la plus longue de la vie scolaire, à l'école des gens du spectacle rue du Cardinal-Lemoine. J'y ai surtout affiné mon art de coller des poings dans la gueule. J'étais écorché vif et j'imagine volontiers qu'il s'agissait de me prouver ma virilité naissante, tout autant que de défendre mon droit à la différence. De toute manière, aucun prof ne pouvait m'expliquer le spectacle comme je l'avais vécu. Ces gars étaient comme des critiques d'art qui, pour certains, ne sont guère que des artistes frustrés, voire même, pour les cas les plus pathologiques, des artistes ratés. Le spectacle, j'en connaissais déjà un rayon... Un grand, même !

Je me suis nourri au lait des cabarets, des tournées et des shows en tout genre. Les secrets du métier n'étaient pour moi que des banalités peuplant le plus normalement du monde ma vie de tous les jours. Qu'apprendre alors, moi qui voulais comprendre, voir, goûter à la diversité ?

J'étais cerné par l'indifférence. La France était ma patrie (même si je hais ce mot), mais j'avais bien du mal à l'intégrer. J'étais tel un immigré dans mon propre pays. Le regard narquois de certains crétins qui raillaient ma différence me mettait en rogne rapidement. Loin des rings ou d'une quelconque vision « sportive » de la chose, je m'affirmais à coups de poing, telle une signature. Certaines gueules doivent encore chauffer à l'évocation de ces souvenirs.

Je me souviens aussi d'une courte escale à Nice. Mes parents faisaient des virées de babas cool avec des potes de rencontre dans des 2CV bariolées. C'était l'époque *peace and love*, et elle avait bien quelque chose de magique. Dommage pour le fun, j'étais trop jeune pour réellement y participer, mais heureusement pour ma future carrière de sportif.

C'est aussi à Nice que papa m'a présenté son demi-frère, Richard. Ce gars dirigeait un palace et lui a fait payer l'addition. Il y a des comportements qui échappent au simple bon sens et même au savoir-vivre tout court. J'imagine que, pour ce type, la chose était parfaitement normale. Tu n'as pas vu ton frangin depuis plus de quinze ans, il vient te voir et tu lui fais payer ce que vous bouffez ensemble ? Disons pour faire simple que le bon vieux dicton : « Chacun voit midi à sa porte » me paraît parfaitement adapté.

La France et la famille, le travail, la patrie nous semblant un brin exigus, nous nous sommes de nouveau exilés, direction l'Afrique, « la terre des hommes », à Abidjan pour être plus précis. C'est là, sur le toit d'un night-club dans lequel mes parents se produisaient, que je me suis blessé une première fois au pied. Je jouais et j'ai shooté comme un con dans une bouteille qui m'a sectionné une partie du pouce de l'orteil droit. L'infection s'étant rapidement déclarée, mon père, contre l'avis des médecins, a tenu à remettre le morceau de peau en place et l'a désinfecté et nettoyé chaque jour avec une patience admirable. J'étais sous antibiotiques à haute dose et mon pouce a été sauvé. Il m'arrivera une expérience similaire en Grèce quelque temps plus tard. La loi des séries, peut-être...

On dit pourtant que la foudre ne tombe jamais deux fois au même endroit. Qu'on me donne le nom du crétin qui a pu dire une connerie pareille et je lui parlerai de ma vie et de celle de toute ma famille.

Une fois mon pouce guéri, nous nous sommes envolés pour Dakar. Mes parents sont devenus amis avec les Boudet, le directeur de l'hôtel Méridien de Montparnasse et sa femme.

Nous avons ensuite pris un bateau pour revenir en Europe et, *via* Nice, pour l'Italie. Papa perfectionnait son art de guérisseur et continuait les tournées. C'est de cette manière qu'il fut engagé pour un spectacle à bord d'un bateau qui devint tristement célèbre : l'*Achille Lauro*. En effet, quelques années plus tard, ce bateau de croisière fut pris d'assaut par des terroristes qui, au nom de la cause palestinienne, assassinèrent Klinghoffer, un Juif américain paraplégique.

Moi, Fabrice Bénichou, pourtant juif moi-même (en plus de mon père, ma mère d'origine corse s'est convertie), il faut une fois de plus que mon histoire soit singulière. Car j'ai été heureux sur ce bateau durant cette croisière... Très heureux même ! C'est à bord de l'*Achille Lauro* que j'ai véritablement découvert l'amour avec un grand A, à défaut d'un grand Q.

Elle se nommait Debby et était une toute jeune Hollandaise. Nous nous entendions au-delà de l'imaginable. Jusque-là, les filles étaient, à mes yeux, souvent inintéressantes comme camarades de jeux et, à part ma petite métisse de New York, je m'intéressais autant à la gent féminine que les Sex Pistols à la danse classique à peu de chose près.

Mais Debby était une autre... A bord du bateau, elle faisait partie de notre bande de gamins qui sillonnait les coursives, à la recherche de quelque jeu et de quelque aventure imaginaire. J'étais fou d'elle, tellement fou, que je n'osais rien lui en dire. Lui avouer ma passion était totalement impossible, un Everest que je n'ai pu franchir. J'étais encore un enfant, mais mes complexes me taraudaient déjà.

Ah, la faille narcissique ! Tu te regardes dans la glace et te voilà aussi déformé que dans un miroir de fête foraine. Je me sentais si incapable de simplement lui plaire... Elle était belle et fraîche, telle une invitation au rêve. C'en était probablement un... Avec l'âge, on apprend à fusiller l'enthousiasme, mais tout de même !

La première histoire d'amour est une marque indélébile qui vous tatoue l'âme. Le sexe était de toute manière totalement hors de ma portée à l'époque et je n'y songeais même pas, mais il me fallait être près d'elle autant que possible. Sa personne occupait la moindre de mes pensées. Quelle pureté émane du premier véritable émoi ! Peu de choses sont aussi sincères et totales et l'âge ainsi que l'expérience qui en découle flinguent rapidement cette délicieuse niaiserie qui nous habite alors.

Les quinze jours passés en sa compagnie sur ce rafiot auront été parmi les plus envoûtants de ma vie. Je découvrais l'amour, la seule chose qui m'empêche aujourd'hui de me faire sauter le caisson ou de faire une plus grosse bêtise encore.

La croisière a pris fin, mais son image hantait encore mon esprit lorsque nous sommes partis pour l'Allemagne, où je suis allé à l'école pour la dernière fois de ma vie. C'était un établissement germano-espagnol. Mes souvenirs de ce séjour sont vagues et sans réelle importance.

En revanche, de notre séjour en Grèce, je garde un souvenir cuisant. Après Abidjan, mon pauvre pied a morflé une fois de plus et de nouveau de par ma connerie...

J'étais en train de chasser avec un fusil harpon sur une plage dont j'ai oublié le nom. Les poissons étaient rares et je me suis retrouvé nez à nez avec une méduse coquée. Sans me soucier le moins du monde des éventuels dégâts que l'animal pourrait bien m'infliger, je me suis mis dans la tête de la tirer. Seulement, m'approchant trop près, cette saloperie a craché son liquide noirâtre et j'ai du coup perdu toute visibilité. Tirant à l'aveuglette, je me suis shooté le pied. Mon harpon s'est enfoncé dans la voûte plantaire.

Pour les touristes qui visitent la Grèce de nos jours, il s'agit d'un pays moderne, doté d'infrastructures routières des plus performantes. Seulement, dans les années 70, les routes étaient pourries et les hôpitaux guère rassurants.

C'est ainsi que je me suis retrouvé dans un hosto où j'ai surtout chopé une infection carabinée. Une fois de plus, c'est papa qui m'a sauvé un pied que même les médecins songeaient à amputer. Patiemment et avec énormément d'amour, en enfonçant des aiguilles dans la plaie, sous la peau et en nettoyant l'infection, il m'a tiré d'affaire. A cette époque, dans mes yeux de préadolescent, mon paternel était plus qu'un guérisseur désormais reconnu partout où il passait : il s'agissait d'un véritable magicien. Un magicien qui nous conduisait sans cesse, maman et moi, vers de nouvelles aventures.

C'est ainsi que nous nous retrouvâmes en Hollande. Ce pays était pour moi particulièrement intéressant, car c'était celui de Debby, mon amour rencontré sur l'*Achille Lauro*. Je l'ai revue là-bas, et j'ai même eu la chance de séjourner un mois chez ses parents à Grüningen, tandis que les miens faisaient leur spectacle à Assen.

J'étais plus que jamais perclus de complexes à son égard. Je l'aimais comme au premier jour. Je me méfie des gars qui n'ont pas su garder de leur premier véritable amour un souvenir attendri. Car la chose est belle, magnifique même ! Comme il est difficile de vibrer de nouveau avec cette force, lorsque vient la maturité physique et intellectuelle. L'âge n'est guère que le long et pénible apprentissage du renoncement. Les idéaux commencent à s'évanouir presque aussitôt les premiers poils de barbe solidement installés. Lorsque ces derniers blanchissent, les rêves sont déjà morts de vieillesse. Ils prennent de l'âge plus vite que le corps. Mais le premier amour est le plus pur, peut-être le plus con aussi...

Je la regardais me sourire. Ce simple acte de bienveillance revêtait une importance primordiale. J'existais ! Le petit Fabrice, complexé par une zigounette qu'il jugeait trop petite, était pourtant le roi du monde une fois à ses côtés.

Bien sûr, nous n'avons pas couché ensemble. Tant mieux ! Le souvenir de cette rencontre n'en est que plus doux, tout empreint de poésie et de romantisme. Nous nous sommes enlacés, embrassés, mais la vie nous a séparés, car nous devions déjà repartir, direction le Portugal et les Açores...

Je sais que cela peut paraître mièvre, mais j'emportais un peu de mon aimée avec moi. Je fermais les yeux et revoyais son image, je pouvais même sentir sa délicieuse fragrance. Papa faisait de plus en plus de parapsychologie. Déjà, aux Pays-Bas, il s'était occupé de faire décrocher de l'héroïne le fils d'un notable et, au Portugal, il s'occupait de soigner des gens, avec des méthodes pour le moins différentes de celles employées dans les cabinets médicaux, mais avec un certain succès incontestable.

J'allais avoir quatorze ans lorsque nous sommes rentrés à Paris. Nous logions au Flat Hôtel en face de la tour Eiffel, dans un appartement qui coûtait quelque chose comme trente mille francs par mois (une véritable fortune pour l'époque). Papa s'était trouvé une nouvelle occupation : le commerce de diamants. Je ne saurais dire comment une telle idée lui est venue à l'esprit, probablement une rencontre. Notre train de vie, qui était pourtant déjà très confortable, a encore augmenté de manière sensible à ce moment-là.

En revanche, une chose est sûre, c'est par le biais de la nièce de ma mère et de son mari libanais que nous nous sommes envolés pour Beyrouth. Beaucoup de gens se seraient satisfaits de l'argent que les diamants avaient apporté à la famille, mais que voulez-vous, chez les Bénichou, on n'est, et même on ne naît pas comme ça.

VII

Pour ceux qui l'ignoreraient, en 1979, le Liban était en pleine guerre civile. Ce petit pays merveilleusement beau, divinement accueillant, où depuis des millénaires cohabitaient pacifiquement plusieurs communautés, se déchirait sous le regard impuissant et même parfois complice de la communauté internationale.

Sans vouloir asphyxier mon lecteur ou ma lectrice avec des faits historiques qui pourraient sembler à certains un brin rébarbatifs, il est néanmoins essentiel, dans ces pages, d'expliquer un petit peu la situation du pays à l'époque, ne serait-ce que pour tenter de comprendre la mienne.

La guerre a commencé en 75, entre Palestiniens et chrétiens maronites. Les Palestiniens avaient immigré en masse dans le pays du Cèdre depuis Septembre noir en Jordanie (le roi Hussein avait réprimé très vivement une tentative de prise en main de son pays par les Palestiniens réfugiés en Jordanie).

Le Liban, vivant jusqu'alors en équilibre précaire entre musulmans et chrétiens, s'est retrouvé déséquilibré par l'afflux massif de Palestiniens et le Fatah d'Arafat a essayé d'imposer sa loi comme il avait plus ou moins tenté de le faire en Jordanie. Seulement, l'Etat libanais était beaucoup trop fragile pour tenir réellement le pays, et le Cèdre s'est embrasé.

En 79, à peu près toutes les communautés se faisaient la guerre entre elles. Ce petit bout de paradis était devenu un merdier inextricable. Moi, j'avais quatorze ans. Je ne comprenais pas vraiment tout ce qui se passait. Pire, j'imagine que je m'en souciais comme de ma première chemise. Je n'avais pas conscience d'une réalité géostratégique, politique et sociale qui me dépassait totalement. La chose est normale en un sens, car, même instruit, même malin, il est bien difficile pour un étranger de comprendre quoi que ce soit à ce conflit.

Comme tout petit garçon qui se respecte, j'avais joué aux petits soldats et à la guerre. Il ne s'agissait en somme que d'un jeu... Un jeu palpitant... Même les grands y participaient ! Même pas peur, le Fabrice...

Mon père était un des rares à ne pas faire la guerre. Il se produisait au casino de Beyrouth. Je sais que cela peut paraître totalement dingue, mais la vie continuait, parfois même flamboyante au beau milieu des ruines. Le casino était ouvert, les gens jouaient dans une atmosphère de fin de monde digne des salons du *Titanic*. Des fortunes accumulées durant toute une vie étaient englouties en une nuit, à la roulette et au black-jack. La folie s'était emparée d'une partie de ces joueurs, qui après tout n'étaient pas sûrs d'être toujours vivants le lendemain.

Le Liban avait été un pays très prospère, la perle du Moyen-Orient. On pouvait voir le long du front de mer des Porsche et autres sublimes Ferrari, tandis que, à deux cents mètres de là, la ville était à feu et à sang. Des filles splendides prenaient un bain de soleil pendant que résonnaient les bruits de l'artillerie d'un groupe répondant aux assauts désespérés d'un autre. Il faut vraiment avoir vécu un truc pareil pour le croire. Dans une guerre civile, il n'y a pas véritablement de front. La guerre est partout, parfois même au sein d'une même famille. Il faut bien continuer envers et contre tout, et les Libanais sont merveilleusement doués pour cela.

Moi, fidèle à moi-même, j'étais con ! J'avais des potes dans les milices chrétiennes maronites... Comme Juif, j'aurais pu aller dans un camp ou dans l'autre, même s'il eût probablement été plus sage de n'être dans aucun. Nous jouions à la guerre. En tout cas, je jouais à la guerre ! Mes potes étaient véritablement nés dedans. Je conserve trois souvenirs marquants de ces quelques mois passés dans l'enfer du non-sens.

Le premier, c'était à un check-point syrien. Il y avait une sorte de hangar devant. Nous nous sommes approchés tous phares éteints dans la nuit et mes potes et moi nous sommes mis à tirer en direction des militaires qui ont aussitôt répliqué. L'acte stupide n'a bien entendu rien apporté à aucune cause. C'était juste un geste débile d'une bande de petits cons. J'avais une mitraillette slavia de fabrication tchécoslovaque. Je prie Dieu de n'avoir jamais tué personne. Je ne pourrais jamais supporter l'idée d'avoir buté un homme. La jeunesse est brave, mais son inconscience permet toutes les manipulations. J'entendais les balles siffler autour de moi. Je crois avoir réalisé que la guerre était une merde, et pourtant j'ai continué.

La deuxième expérience marqua la fin de ma courte carrière de guérillero... Cachés derrière un mur avec mes copains, nous nous amusions à tirer sur un groupe en face. Ce dernier donna l'assaut. Nous étions cinq tout au plus et nous voilà attaqués par une trentaine de gugusses, tous bien décidés à nous faire la peau. Les coups de feu partaient de partout. Pour la première fois, je chiais dans mon froc. Quelle connerie que la guerre, et comme nous sommes peu de chose ! Je crois, en renonçant à ces clichés, que je suis véritablement devenu un homme ce jour-là.

Pourtant je pleurais... Je pleurais de perdre mon innocence qui aurait pu me mener au pire. Je devenais un homme au milieu du chaos. Mes amis étaient libanais, je venais de nulle part et je m'efforçais de m'y perdre. Il était temps pour moi d'abandonner l'insouciance et de tâcher de comprendre. Je voulais tout savoir. Une chose était sûre : la guerre, c'est vraiment de la merde ! Plus jamais je n'accepterais d'être le pantin de service. Si je peux aujourd'hui parler de moi avec tant de recul, je crois que je le dois en bonne partie à mon expérience libanaise. Loin du jeu, être un homme c'est prendre conscience de ses limites et accepter celles des autres. L'intelligence et la réflexion sont les uniques armes efficaces contre la connerie.

La dernière expérience douloureuse eut lieu à Mansourié, un quartier de Beyrouth. Notre bagnole fut prise dans un bombardement. Les bombardements sont encore plus débiles que la baston à coups de flingues. C'est comme au Loto, sauf que tu es là, comme un con, et que tu joues ta vie au pifomètre. A part te planquer, tu ne peux rien faire. Mes potes et moi sommes sortis de notre bagnole au milieu des éclats et dans une pagaille indescriptible. Les vitres de la caisse ont volé en mille morceaux. Nous nous étions réfugiés contre un talus. Mes parents quant à eux étaient dans le centre, à Achrafieh, morts d'inquiétude. Encore aujourd'hui, mon père me fait le reproche de mon insouciance de l'époque.

Il n'empêche que mes potes m'ont permis de rejoindre mes parents par la suite, empreint d'une trouille incommensurable, mais vivant et en bonne santé.

J'ai tant grandi au Liban, tant appris... J'aime ce pays et ce peuple pour sa dignité, et je m'étonne toujours que son sort ne soit finalement qu'un souci secondaire pour les puissances occidentales. L'expérience libanaise est unique. Là-bas, des gens différents ont vécu ensemble pendant un temps infini et le tout s'est écroulé comme un château de cartes. J'ai appris une leçon : il faut faire gaffe à l'étincelle. Le feu naît de toutes petites choses, mais c'est quand il est encore petit qu'il est possible d'intervenir. Après, il est toujours trop tard.

Il était temps pour les Bénichou de quitter le Liban, direction Israël. Comme il était impossible de simplement franchir la frontière israélienne en provenance d'un pays arabe, nous avons fait un crochet par Chypre, pour prendre un bateau et débarquer à Haïfa.

Je n'avais que très vaguement conscience d'arriver sur la Terre promise de mes ancêtres. J'étais avant tout un citoyen du monde, un apatride parce qu'il a trop de pays, de langues. Le voyage ne fait pas que former la jeunesse. Il apporte une forme de sagesse, une connaissance.

Ce n'est certes pas en s'abreuvant des innombrables clichés des journaux télévisés que l'on comprend l'âme d'un peuple. C'est en se mélangeant avec lui, en bouffant avec lui, en riant avec lui, en pleurant avec lui et en pissant à ses côtés. On découvre alors une chose incroyable : la connerie humaine n'a pas de frontières ! Le génie de l'homme non plus, d'ailleurs...

Voyagez si vous avez peur des gens, et vous serez surpris. Bien sûr, je ne parle pas de Club Med ou d'hôtel cinq étoiles, dans lesquels le seul contact que vous pouvez avoir avec des gars du cru a des relents du temps des colonies. Non. Mélangez-vous et vous verrez à quel point l'autre peut être accueillant, con aussi parfois, mais délicieusement humain.

Moi, j'ai passé toute ma vie sur les routes, dans les trains, les avions, les bateaux. Mon pays est la Terre, le plus beau caillou de l'Univers. Je me trouvais sur un point de ce caillou appelé Israël. C'est à peu près aussi simple que cela, même si jamais je ne renierai mes ascendances juives.

Nous avons séjourné un temps à Tel-Aviv. Les parents se produisaient au cabaret Caravan de Jaffa, tandis que moi, fidèle à moi-même, je faisais les quatre cents coups. Nous n'avons pas traîné et sommes partis pour Eilat. Papa manageait le cabaret de l'hôtel Neptune. C'est dans cette ville que mon destin a basculé pour toujours.

Je jouais un match de foot avec une autre équipe de la ville. Mon équipe à moi était formée de Latinos et je me sentais à l'aise au milieu de ces Juifs hispaniques, parce que nous parlions la même langue et partagions les mêmes repères. Si je peux me targuer de parler un bon hébreu, il va de soi que l'espagnol est une langue qui, compte tenu de mon parcours de vie, m'est bien plus naturelle.

Bref, pour en revenir à l'essentiel, nous jouions donc un match et ce dernier a vite dégénéré en baston généralisée. Un gars d'en face avait dû faire une remarque débile et, de fil en aiguille, nous nous sommes tous retrouvés au centre du terrain, en train de nous envoyer des pains dans la gueule.

Dans les tribunes, il y avait un vieux monsieur aux cheveux gris et à l'embonpoint évident. Je ne l'avais pas remarqué, tout occupé que j'étais à distribuer des droites. Son nom était Chimchom et il était le président des gants d'or d'Israël. J'ai emplafonné trois ou quatre gugusses sur la pelouse, sous son regard connaisseur et intéressé.

Le soir, il est allé voir mes parents dans les loges du cabaret. J'étais là. Le type a posé sur moi un regard extraordinaire et m'a demandé de lui taper dans la main. J'ai trouvé ça con. Je n'aimais pas beaucoup recevoir des ordres de la part d'inconnus et je n'en ai rien fait. Poussant la provocation un peu plus loin, j'ai reçu une gifle en pleine gueule. Piqué au vif, le petit Fabrice a décroché une droite vers ce vieux bonhomme qui commençait sérieusement à lui casser les couilles. Chimchom a souri avant de regarder mon père et de lui dire : « Mettez votre fils à la boxe, il est très doué. Ce petit deviendra champion du monde ! »

VIII

Le vieux Chimchom avait raison. Neuf ans plus tard, me voilà champion du monde super coq IBF. Je la tiens, cette putain de ceinture. Nous sommes le 10 mars 1989 dans la salle de basket de Limoges, et je viens de battre José Sanabria. La revanche !

Quel beau boxeur que ce José... Un beau gosse, Latino au visage un brin poupon bien typé et un excellent technicien au panache incroyable. J'ai eu de la chance... Une putain de chance pour une putain de vie...

J'ai gagné de justesse aux points, dans un combat incroyablement serré. J'imagine que si j'avais boxé chez lui en Amérique du Sud, les arbitres l'auraient donné vainqueur. Pourtant, la Fédération française et un grand nombre de ses cadres ne pouvaient tout simplement pas m'encadrer. J'avais une trop grande gueule et j'étais trop différent. Il y a des choses qui ne changent jamais !

Je ne suis pas vraiment du genre « cocorico », ultra patriotique, mais tout de même, je boxais chez moi ! Pourtant, une partie importante du public soutenait mon adversaire. Je dois être l'un des rares Français à avoir réussi une performance de ce style. Le Juif errant ne boxe jamais à domicile et j'ai toujours eu le don d'énerver tout le monde.

La Fédé ne pouvait pas me piffer. Etant trop jeune au début de ma carrière, j'avais été contraint de prendre une licence luxembourgeoise. Je n'avais pas eu le choix. Ces empafés ne me l'avaient pas pardonné, pas plus que mes frasques, d'ailleurs. Car je frimais... J'adorais ça.

Il fallait me voir à la conférence de presse. J'avais un show bien rodé. Le regard planté comme des couteaux dans les yeux des journalistes, je déclarais, goguenard, que j'allais gagner facilement et que j'étais tout simplement le meilleur. Bénichou la grande gueule paraissait si sûr de lui, comme pour mieux dissimuler cette putain d'angoisse qui me tenaille depuis toujours. A la fin du combat, j'ai même eu peur du contrôle antidopage ; non pas que j'étais chargé, mais j'avais tout simplement la frousse de ne pas réussir à pisser ! J'étais comme un personnage de fiction qui cache les innombrables failles de son acteur. Je faisais le coq, le supercoq même ! Ces cons de chauvins auraient dû adorer ça : les coqs, c'est pourtant leur truc...

Enfin, qu'importe, j'étais champion du monde et je n'en avais même pas vraiment conscience. De toute façon, cette soirée n'avait été que délire. En ouverture, un boxeur de Limoges mécontent d'une décision de l'arbitre lui avait même envoyé un pain dans la gueule, sous les yeux du président de la Fédé, mettant du même coup fin à sa carrière. Le genre de truc qui n'arrive que dans les jeux vidéo ou dans les vieux films burlesques.

Ce combat avait été simplement dingue. Cette ceinture, José la méritait tout autant que moi. Il avait si bien boxé. De round en round, nous nous étions envoyé des coups de malades et chacun de nous, à tour de rôle, frôlions le K-O.

J'étais prêt à mourir sur le ring, et lui aussi. Nous étions entre nous, entre hommes, malgré les quatre mille à cinq mille spectateurs qui hurlaient comme des bêtes. Le cinquième round fut apocalyptique : à chaque seconde, l'un de nous deux pouvait tomber K-O. C'est au neuvième et au dixième que je suis allé chercher cette victoire, même si le onzième fut pour moi extrêmement difficile. Plusieurs fois, nous avons été, chacun à tour de rôle, sauvés par le gong.

Ce n'est pas le titre qui me motivait tant que ça, c'était le principe, l'honneur et la revanche. José m'avait battu quelques mois plus tôt, tandis que je menais de deux, quatre et même sept points. C'était au Pavillon Baltard.

Le pire c'est que, techniquement, j'étais vraiment champion du monde dès le Baltard, et José avait vraiment perdu le premier combat ! Malgré ma grande gueule et mon mauvais caractère, je n'ai jamais contesté la décision de l'arbitre, pourtant totalement en contradiction avec le règlement de l'IBF. Celui-ci stipule en effet que, à partir du sixième round, si le combat est arrêté par l'arbitre, c'est le leader aux points qui est déclaré vainqueur. Or John Robinson, le superviseur de l'IBF, n'en tint pas compte. Ce jour-là au Baltard, j'aurais dû être champion du monde !

José ne m'avait pas pris au sérieux. J'étais bien mieux préparé que lui. Seulement, en grand champion au dixième round, lors d'une de mes attaques un brin trop téléphonée, il avait fait un pas de retrait et m'avait asséné un uppercut du droit monstrueux qui m'avait explosé l'arcade sourcilière gauche. Je pissais le sang comme un bœuf dans un abattoir et l'arbitre avait dû interrompre la rencontre. Le superviseur n'avait pas suivi le règlement et avait déclaré Sanabria vainqueur.

Honnêtement, c'est dingue quand on y songe... J'avais gagné le premier combat à Baltard tout en étant déclaré perdant et j'avais à mes yeux perdu celui de Limoges en étant déclaré vainqueur.

Après ma défaite au Baltard, il me fallait absolument vaincre, prendre ma revanche. Papa s'était démené pour trouver la tune, environ cinq mille dollars à l'époque, et s'était rendu à New York pour réserver l'option pour ce match. L'arbitre à Limoges avait levé mon bras. Aucun doute, j'étais bien le vainqueur.

Toutes ces semaines passées à Rodez à m'entraîner comme un malade avaient porté leurs fruits. Mon père avait déniché une ferme dans un petit bled de cent ou deux cents âmes et avait fait installer un ring dans la grange. Freddy Roach, qui m'avait coaché à Vegas pour le premier championnat du monde, s'en était retourné auprès de Virgil Hill. J'avais à ma disposition, outre mon entraîneur pour ce combat, Celso Chavez, deux Panaméens comme sparring-partners.

Certes, à en juger par notre première confrontation, j'avais été surpris par la résistance, la force et la vivacité de Sanabria, car il boxait beaucoup mieux que la première fois. Quelques semaines plus tôt, José avait rencontré Thierry Jacob (un excellent boxeur, qui deviendra même champion du monde un peu plus tard) et lui avait donné une leçon de boxe mémorable. Le pauvre Thierry s'était pris quinze ou vingt coups de suite, avant de finir dans les nuages. Mais j'étais peut-être resté un peu trop sur l'impression du premier match. Le petit Fabrice avait eu chaud... Très chaud même.

Durant tout le combat, j'avais asséné des swings très larges et José refusait de se protéger. J'ai même ouï dire qu'il avait répondu à son entraîneur qui le suppliait de lever sa garde : « Non, je ne sens rien, j' vais le descendre ! » Quel panache...

Je sais, ça peut paraître con et, quelque part, ça l'est sûrement. Mais il y a une certaine forme de noblesse dans la boxe. Ce type ne s'est pas dégonflé. Son sport, il le vivait vraiment, cela n'avait rien d'une attitude de star du show-biz... Je l'avais emporté comme dans une arène et nous étions des lions. L'adrénaline coule à profusion dans nos veines lors d'événements comme celui-ci. Il s'agit d'une expérience incroyable. La sensation physique devient si forte, tellement intense, qu'on frôle l'expérience spirituelle.

Je sais que tous ceux qui ont vécu des moments semblables sur un ring comprendront exactement ce dont je parle. Quant aux autres, tant mieux pour eux, il n'est malgré tout jamais bien plaisant de se prendre des coups dans la gueule.

J'aimerais penser aujourd'hui, depuis ma piaule pourrie de mon hôtel miteux de Panamá City, que j'ai toujours fait les bons choix et su gérer ma carrière ainsi que ma vie privée de manière efficiente, mais je sais qu'il n'en est rien.

Je vivais dans mon monde. Je luttais pour les gens de ma famille, mes parents, ma femme et mes gosses, pour moi aussi bien sûr. Le petit Bénichou se sentait à sa place et utile aux siens.

Le dévouement est souvent une manière de mieux pouvoir s'oublier et oublier cette merde, qui me colle au cerveau depuis toujours. Je m'aveuglais avec d'autant plus de facilité que je ne voulais surtout rien voir. Tout était simple, je voulais gagner, être un véritable boxeur, une terreur des rings. Malgré un certain dilettantisme, je m'entraînais sérieusement et mon père me faisait bosser sur le mental, ma faille fondamentale. C'est beaucoup pour briller dans leurs yeux que je faisais tout cela.

Pascale, ma compagne de l'époque, avait la tête sur les épaules tandis que la mienne était loin, très loin dans les nuages. J'ose à peine raconter certains épisodes de ma vie, tant ils me font paraître sous un jour bien ridicule. Ma niaiserie est parfois sans limites. Je vivais affectivement dans un monde de Télétubbies.

Bien sûr, je sentais les tensions entre ma femme et mes parents. Mon père et elle ne pouvaient tout simplement pas se saquer. Pour mon épouse, le paternel était un rival, un empêcheur de piquer et de profiter en rond. Pour lui, Pascale était tout simplement un obstacle à mon développement sportif. Un poids supplémentaire qui avait toutes les chances de me faire classer hors catégories.

Tous ces conflits latents et soigneusement cachés à cette poule aux œufs d'or que j'étais mettaient une ambiance lourde et trop pesante. Papa était fier de son fils et guettait tout ce qui risquait de nuire à ma marche en avant. Moi, une fois de plus, j'étais un gros con. Je croyais qu'il s'agissait d'un simple malentendu.

Maman, comme toujours, brillait par sa discrétion et évitait soigneusement toute histoire qui aurait pu faire des vagues et mettre son fils mal à l'aise. Pourtant, Pascale, avec cette méchanceté qui la caractérisait, avait été jusqu'à la gifler. Ma mère est ainsi faite. Jamais elle ne m'a rien dit. C'est bien des années plus tard que j'ai appris l'impensable. J'enrage rien que d'y penser.

Pourquoi s'était-elle tue ? Est-ce ses origines corses ou simplement une discrétion intrinsèque et magnifique ? Jamais elle n'a pu assister à l'un de mes combats. Sa pudeur est extraordinaire, son dévouement aussi. Pas une seule fois elle ne s'est plainte. Certes, Pascale la titillait sur tout et sur rien. Il m'a fallu une éternité pour comprendre que ma femme de l'époque aimait mon porte-monnaie, mon potentiel financier, mais n'en avait rien à foutre de ma gueule. Mon ego en a pris un sacré coup. Je pensais briller dans ses yeux et que son amour était sincère. J'ai honte de ma stupidité, de mon aveuglement coupable.

Il me faut pourtant raconter l'indicible. Je sais que certains vont rire et le pire, c'est qu'ils auront bien raison. L'histoire eut lieu à l'hôtel Hilton de Tel-Aviv en mars 1990. Pour la cinquième fois, je participais au championnat du monde super coq IBF face à Welcome Ncita.

Trois fois de suite, j'avais été sacré champion du monde. A cette époque, j'avais un très bon ami (le genre « Harry, un ami qui vous veut du bien »), un journaliste de *La Dépêche du Midi*, qui avait été un champion au lancer de javelot. Dans mon immense connerie, j'avais en ce type une confiance aveugle.

Si je me suis si souvent fait entuber dans la vie, c'est que j'ai une fâcheuse propension à tendre mon délicat postérieur au premier connard qui me joue la comédie de l'ami dans le besoin. Je suis ainsi fait. Lorsque j'aime bien quelqu'un, il est extrêmement aisé pour lui de me mener en bateau.

Dans ma naïveté infantile, je rêve tant d'un autre monde que j'en arrive presque à me l'inventer. L'amitié est quelque chose de sacré, la confiance aussi. La trahison est semblable au viol. Je peux d'autant mieux en parler que j'ai été victime des deux !

Ce soir-là, j'avais oublié quelque chose dans ma chambre. Je ne me souviens même pas quoi. Ce type m'a ouvert ma propre porte à poil avec ma femme dans le lit. La chose était tellement énorme que je n'ai même pas percuté. Impossible de se tromper, et pourtant je n'ai rien compris et, pire, je n'ai même pas cherché à comprendre. Je sais, vous allez vous dire : « Ce Bénichou est vraiment le roi des cons. » Vous avez sans doute raison.

En repensant à cela, je me dis que malgré la concentration pour le match, mon état psychologique et la confiance que je pouvais avoir en cet individu, j'ai dû être victime d'une sorte de lobotomie passagère dans la quatrième dimension.

Tout cela me rappelle une histoire qu'un pote m'a jadis racontée dans un bar, un soir de beuverie mondaine.

C'est l'histoire d'un mec qui rentre chez lui et trouve toutes sortes de vêtements d'homme dans la chambre et sa femme nue au lit. Le type demande :

— A qui sont ces chaussures ?

Sa femme réplique :

— Ce sont celles de mon frère qui est passé par hasard et les a oubliées.

— Ton frère, je ne l'ai pas vu depuis des lustres. Comment va-t-il ?

— Bien, bien, il est reparti pour un an au pôle Nord.

— Zut, j'aurais aimé le revoir. Et ce pantalon ?

— Celui de mon père, je l'ai gardé en souvenir et ce soir j'avais le blues, du coup, je l'ai ressorti du grenier...

Toujours sans se méfier et dans le simple but de ranger toutes ces choses, le mari ouvre l'armoire et tombe sur l'amant nu caché à l'intérieur.

— Et vous, monsieur, que faites-vous ici ?

— Ben, si vous avez cru tout le reste, disons que j'attends l'autobus...

C'est exactement ce qui m'est arrivé... C'est énorme, mais mon cerveau s'est mis sur pause. Je n'ai absolument pas percuté.

Jamais de ma vie je n'ai si mal boxé que ce soir-là. J'imagine que, malgré mon aveuglement, mon cerveau me hurlait ce que ma conscience ne voulait pas voir. Ce connard a été son amant pendant des lustres et me gratifiait de tapes dans le dos et de sourires mielleux. Je lui confiais même mes états d'âme. Quel con... Avec le recul, j'hésite entre pleurer et rire en me foutant franchement de ma gueule.

D'un certain côté, je me suis vengé. Un jour que cette tafiole voulait jouer à l'homme, il m'a défié avec sa tête de con, mi-sérieux, mi-amusé. Du haut de son mètre quatre-vingt-cinq et de son poids d'athlète, il m'a mis au défi.

Quel crétin celui-là aussi... Je lui ai mis un magnifique coup de poing dans le foie et cette chiure s'est écrasée comme une grosse merde. Une fois de plus mon inconscient savait ! La raclée qu'il a prise, je suis volontaire pour la lui remettre quand il veut !

Bon, cela dit, avec le recul, ce gars m'a rendu service en me débarrassant du cactus que j'avais dans l'œil et de l'oursin qui partageait ma vie. De plus, cette situation ubuesque a permis aux avocats de mon ex d'assurer pour une part l'avenir de leur famille, ou tout au moins quelques bons mois. Et puis, franchement, je suis assez mal placé pour me plaindre de la gent féminine. J'ai connu tant de copains en galère...

Les femmes ont dans l'ensemble été vraiment merveilleuses avec moi. Elles ont même réussi pour certaines à me faire croire que j'étais beau, c'est pour vous dire... Je les aime et les admire en même temps. Bien sûr, chacune est différente, mais presque toutes sont fortes. Leur courage force l'admiration, y compris d'un vieux boxeur comme moi, qui pourtant a connu quelques situations délicates à gérer.

Je sais, cela peut faire cliché, mais après tout pourquoi pas. Il vaut mieux une belle photo réaliste qu'une croûte abstraite, n'est-ce pas ? Il n'est pas donné à tout le monde de faire de la belle abstraction et malheureusement pas à moi.

Tout au long de ma vie, j'ai été épaulé par des nanas souvent merveilleuses et je ne peux, au nom d'un pseudo-machisme pourtant en vogue dans le milieu de la boxe, me la jouer mâle au simple prix de ma lucidité. Peut-être ai-je un côté « gros bébé », ou plus simplement mon esprit en quête de sincérité m'empêche-t-il de cracher sur ce qui me fait tant rêver.

Car l'univers féminin reste bien l'ultime invitation au rêve. Nous sommes toute notre vie, nous autres nantis de la sainte bistouquette, à la poursuite de cette fontaine de jouvence qu'est l'amour d'une femme.

Tandis que j'écris ces lignes depuis ma piaule d'hôtel de Panamá, j'entends les faux couinements d'Angelita dans la chambre d'à côté. A tous les coups, c'est ce crétin de Pedro, le cuistot du restau d'en face, qui se défoule en des va-et-vient qui font grincer également les lattes du vieux plumard. Ce type est d'une laideur alliée à une connerie effarante. Mis à part le foot et le cul d'Angelita, rien ne trouve grâce à ses yeux. Sa conversation est d'un ennui mortel, ainsi que son mépris des autres.

Enfin, le voilà qui s'exprime également... Ce que l'homme peut être con quand il baise, ça m'a toujours fait délirer. Je m'imagine dans la tête de ce brave gars qui rame et s'imagine donner du plaisir à une professionnelle qui pense certainement à ce qu'elle devra faire ce soir après le turbin.

Il se croit puissant, Pedro, dans ces moments-là. Fort, irrésistible. En donnant ses billets à ma copine, il s'achète un peu de virilité, l'impression d'être un homme, d'exister. C'est à la fois émouvant et pathétique. Remarque, ma femme étant à six mille bornes, j'ai l'air malin, moi, tous les soirs avec ma veuve poignet.

C'est une autre histoire... Une histoire qui a au moins l'avantage d'être gratuite et de ne pas remettre en cause ma fidélité à celle que j'aime. Je dis ça, mais Pedro s'en fout, il n'est pas marié, aucune fille en dehors de la profession n'a jamais voulu de lui.

Il ne faut pas se leurrer, les putes font très souvent office de Samu social. Les gens qui, au nom de leur moralité souvent empruntée et rarement sincère, critiquent les prostituées devraient les remercier de ce qu'elles font pour la paix publique. Je n'ose imaginer Pedro vagabondant seul dans les rues de Panamá City à la nuit tombée, si elles n'existaient pas. Et des Pedro, il y en a plein partout !

Mais c'est un autre sujet et, fidèle à moi-même une fois de plus, je m'égare. Revenons à l'essentiel si vous le voulez bien...

J'ai perdu mon pucelage en Israël à quatorze ans. Le pucelage, c'est le seul truc que l'on perd toujours un jour ou l'autre, mais qu'on ne retrouve jamais ! Je crois que la phrase est de Coluche, mais je serais bien emmerdé de pouvoir le vérifier ici à Panamá.

J'ai honte de le dire, mais je ne me souviens plus du prénom de la fille. Mettons cela sur le dos des coups que j'ai pris dans la gueule, ça fera plus gentleman.

C'était une très belle jeune demoiselle avec un charme fou. Elle devait avoir dix-neuf ou vingt ans. Une vraie femme, et je n'étais alors encore qu'un bébé. Ses cheveux blonds tombaient sur ses épaules délicates, un spectacle magnifique et troublant. En plus de son âge, respectable pour un mioche de quatorze ans, elle était beaucoup plus grande que moi (je sais, certains vont rire et se dire que ce n'est pas bien difficile). Mademoiselle Bonheur devait bien mesurer un mètre soixante-dix !

C'était une militaire. En Israël, le service militaire est obligatoire pour les garçons comme pour les filles. J'aurais dû être très impressionné, d'autant plus que mon complexe de la petite bite, commune à un grand nombre de garçons de cet âge, me taraudait toujours. C'est ce dernier qui m'avait empêché de passer à l'acte avec ma petite Debby, et j'aurais pu craindre ce soir-là qu'il en fût de même. Mais non, tout alla pour le mieux dans le meilleur des mondes possibles...

Pourtant l'endroit n'avait rien de romantique. C'était une boîte dans laquelle se produisaient mes parents. J'étais présent ce soir-là, bien que pas prévu au programme. Ce n'est que plus tard, notamment en Turquie et en Bulgarie, que ma présence dans le spectacle se généralisa vraiment.

Elle a été d'une patience, d'une douceur et d'une tendresse fantastiques. Après l'acte, la belle m'a essuyé en m'offrant un sourire magnifique. J'ai eu beaucoup de chance. J'étais enfin un homme, du moins le croyais-je...

Je n'ai revu qu'une seule fois ma tendre militaire. C'était sur une plage d'Eilat quelques mois plus tard. Elle était avec un mec. Je sais, la chose peut paraître comique, mais mon amour-propre en a été piqué. Je me suis approché et lui ai demandé si c'était son copain. Elle m'a répondu que oui, avant de me glisser à l'oreille qu'il « n'était pas aussi bien que moi ». Quelle délicatesse exquise... Bien sûr, aujourd'hui, je ne suis pas dupe, mais cette petite phrase a flatté mon orgueil et m'a apaisé.

En repensant à cet épisode, je comprends un peu mieux la vanité un brin ridicule de Pedro. Lorsque nous sommes blessés narcissiquement, un rien nous rassure. Certaines femmes y prennent garde instinctivement. Bon, cela dit, pas toutes, je vous l'accorde...

IX

Entre-temps, en Israël, les choses tournaient un peu au vinaigre pour la famille Bénichou. Mon père avait eu des embrouilles financières avec des mecs qui n'étaient pas vraiment du genre à plaisanter. Certes, ce n'était pas la mafia, loin de là. Plutôt des businessmen à la frontière de la légalité. En parlant de frontière justement, ces cons n'avaient rien trouvé de mieux que de porter plainte. Si papa n'est pas un saint, ce n'est pas un gangster. Les plaignants avaient voulu le flouer, mais nous nous retrouvions dans une merde noire.

En effet, du fait de la plainte, nous nous retrouvâmes dans l'impossibilité de quitter le pays. Pourtant l'habituelle bougeotte des Bénichou ne nous lâchait pas. Fidèle à lui-même, papa avait bien une idée dans la tête...

Ma mère s'appelle Marie Toussainte Ciavalini Bénichou. Avec très peu de manipulation, le nom pouvait sonner « masculin », surtout pour des Israéliens ignorant à peu près tout du français.

Du coup, maman s'en est allée à l'ambassade de France chercher un passeport. A l'époque, c'était de vieux carnets bleus en plastique. Changer la photo puis masculiniser le prénom Marie avait été un jeu d'enfant. Certes, le faux était grotesque et les douaniers n'ont pas tardé à découvrir le pot aux roses. Je me souviens du sourire de ce soldat qui avait la lourde tâche de garder un bout de frontière d'Israël.

Bien sûr, il avait tout compris et son air amusé en disait long. Pourtant, il nous laissa passer et gratifia même mon père d'un « bon voyage, monsieur Bénichou ». Avec un douanier plus pointilleux, papa aurait sans doute fait un séjour à la case prison, sans passer par la case départ ni bien sûr toucher vingt mille francs.

Pour un gars chargé de filtrer les frontières d'un pays en guerre permanente, une petite histoire financière à la noix n'avait guère d'importance. Je suis même persuadé que la chose le distrayait. Nous étions libres de quitter l'Etat hébreu, ce que nous fîmes sans demander notre reste.

D'Haïfa, nous prîmes le bateau, direction Istanbul *via* Athènes puis Thessalonique, toujours parce qu'il était impossible, depuis Israël, de rejoindre directement un pays musulman.

Je garde un souvenir enchanteur de la Turquie et des Turcs. A l'époque, il ne s'agissait pas d'une destination touristique en vogue comme aujourd'hui. Dans l'esprit de nombre d'Occidentaux, la Turquie, c'était *Midnight Express*, une sorte de Chili aux frontières de l'Europe.

Certes, les militaires puissants, ce n'est jamais bon signe pour la liberté : « Savez-vous ce qu'il y a de plus con qu'un militaire turc ? Simple : deux militaires turcs »... Mais le peuple, quant à lui, est tout simplement exquis.

Partout un sourire, une invitation à boire le thé ou à prendre une collation. J'étais surpris de tant de bonté. Aussi incroyable que cela puisse paraître, le peuple turc est sans nul doute l'un des plus accueillants qu'il m'ait été donné de connaître.

En parlant d'accueil, celui que l'on me fit à Istanbul fut... inhabituel. Arrivant tard dans l'ex-Byzance, sans connaître les lieux, nous avons débarqué dans une sorte de pension d'artistes. C'était le seul endroit pour des saltimbanques tels que nous où espérer trouver le gîte et le couvert à cette heure avancée.

Il n'y avait qu'une seule chambre de libre et je m'apprêtais à partager celle de mes parents. C'est alors qu'une chose incroyable se produisit, une de plus dans une vie de rencontres et de mystères. Une prostituée, plus ou moins danseuse, a proposé de partager sa chambre avec moi. J'ai accepté un grand sourire aux lèvres et notre nuit de débauche ne m'a pas coûté un radis...

Moi qui fréquente amicalement les putes les plus diverses depuis des années et particulièrement ici, à Panamá, je peux vous dire que la chose est rare. Je ne suis pas client de ce genre de relation basée sur la tune, sûrement parce que j'ai trop d'amour-propre pour cela. Je sais, c'est con, mais j'ai besoin d'être désiré.

Alors à Istanbul, avec une pute qui me voulait simplement pour son plaisir personnel, je paradais comme un paon.

Nous sommes allés ensuite à Izmir, sur la côte. J'ai un souvenir de gros bateaux crachant leur fumée noire le long du front de mer. Au sol, il y avait un carrelage en trompe l'œil hallucinant. Des vagues de carreaux jouaient avec ma rétine. Je n'avais jamais vu un truc pareil de toute ma vie.

Izmir est un port important et nous avons embarqué pour Chypre. L'île est partagée en deux par une ligne de démarcation, un côté grec et l'autre turc. Après une guerre terrible, une paix relative et somme toute bien précaire s'est installée, mais les deux camps ne peuvent pas se blairer. Nous étions du côté turc, à Nicosie, capitale coupée en deux, tout comme l'île.

Après notre fuite d'Israël, les Bénichou étaient fauchés et personne ne nous connaissait dans ce coin. Il nous fallait donc tout recommencer de zéro. C'est ainsi que nous nous sommes retrouvés à nous produire dans une vieille boîte de travelos pourrie.

Un soir, le petit gars mignon que j'étais a failli se faire choper par trois travelos bourrés. Je suis passé à deux doigts de me faire violer (sans vilain jeu de mots).

Papa s'était trouvé un pote, le genre de copains qu'il est bon d'avoir dans un cas comme le nôtre. Le type était le chef de la sécurité du côté turc. Mon père et lui s'entendaient comme larrons en foire. Des heures durant, les deux hommes papotaient, s'entretenant de mille et une passions communes telles que la philosophie, l'orientalisme, les limites de l'esprit, etc.

Grâce à cet ami, nous avons été prévenus à temps que les autorités chypriotes turques émettaient de gros doutes quant à la validité de nos papiers (nous étions toujours avec notre faux passeport). Nous avons donc une nouvelle fois fui vers la Turquie en espérant pénétrer en Bulgarie.

Mais les douaniers bulgares n'avaient rien à voir avec les Turcs. La Bulgarie faisait partie du bloc communiste et les gars n'avaient rien de gentils rigolos. A peine à la douane, toute la famille Bénichou s'est retrouvée arrêtée par des miliciens au faciès guère sympathique. Durant vingt-quatre heures, nous sommes restés enfermés dans un bureau, interrogés sans cesse par des douaniers. Un procureur s'est même pointé, avec sa gueule grise de fonctionnaire du Parti.

Franchement, encore aujourd'hui, j'ignore comment papa a pu nous tirer de là. Dire que son bagout est exceptionnel est un doux euphémisme. En parlant avec ce type, le fakir, sans hypnotisme, a réussi à convaincre le fonctionnaire que nous n'étions pas de sales espions à la solde d'Israël ou de la CIA. Ce qui revient, compte tenu de la mentalité des gars à l'époque, à convaincre une nonne que le porno est la forme ultime du cinéma d'art.

Le type tout gris a voulu nous tester. Notre mission était de divertir la *nomenklatura* du Parti, lors d'un spectacle dans le plus grand hôtel de Sofia. Le moins qu'on puisse dire, c'est que, au départ tout au moins, le public n'était pas vraiment gagné à notre cause. Durant tout le show, auquel je participais avec mes numéros de yoga, il n'y eut pas la moindre manifestation de la part de ce public si particulier. Même à la fin, aucun bruit ne vint troubler ce silence. Nous étions flippés.

C'était la première fois de toute notre vie que nous assistions à un truc pareil. Dans cette immense salle bouffée par les dorures et remplie de gars en uniformes, on aurait pu entendre une mouche voler. Ce devait être un gag... un très mauvais gag !

C'est alors que le gars à l'uniforme le plus couvert de médailles s'est levé et a applaudi. Comme par enchantement, toute la salle a suivi, enfin libérée, ayant reçu tacitement l'autorisation de s'exprimer. Plus tard, monsieur Médailles est venu nous rejoindre dans l'arrière-salle qui nous servait de loge. Dans un anglais parfait malgré un accent aux effets un brin comiques, il nous dit que notre place n'était pas là...

Non, sans blague... Ce type était vraiment un fin observateur, pas étonnant qu'il soit devenu le chef de cette troupe de moutons !

Néanmoins, monseigneur avait apprécié le spectacle. D'après ses conseils, qui étaient bien entendu des ordres, nous devions rejoindre la troupe du cirque Globus, le plus célèbre de Bulgarie. Bien entendu, nous le fîmes immédiatement, trop heureux d'échapper à cet enfer autant artistique que tout simplement humain. D'infâmes agents sionistes, en quarante-huit heures, nous étions bombardés vedettes.

La suite pour nous ne fut que plaisirs et joies. Mon séjour en Bulgarie fut l'un des meilleurs moments de ma vie. J'avais seize ans et c'était le pied absolu. Le petit Fabrice était traité comme un pacha. Je baisais à gogo avec des filles superbes et tous les soirs différentes. Difficile dans ces conditions de ne pas péter plus haut que son cul.

La boxe étant sport olympique et les cocos ne plaisantant pas avec tout ce qui peut se rapporter aux médailles arrachées aux enfoirés de capitalistes, il ne m'était pas difficile de trouver des salles, ni des gars avec qui m'entraîner, quel que soit l'endroit où nous nous trouvions dans le pays.

En Turquie, à Mesrine, j'avais pris une déculottée terrible lors d'un entraînement, probablement l'une des pires de ma carrière. Avec mes quarante-cinq kilos tout mouillé, on m'avait collé un type de soixante kilos et je me suis pris une de ces dérouillées à faire jouir mes détracteurs. À la fin, mon amour-propre était tellement amoché que j'en ai pleuré de rage. Bien entendu, c'est le type suivant qui en a payé les frais. Je l'ai allumé comme une bougie de Hanoukka.

En Bulgarie, j'ai vraiment pris les choses plus au sérieux. Je ne voulais pas que cette mauvaise expérience turque se reproduise. Ce n'est que plus tard, au Panamá, que je suis vraiment devenu un véritable boxeur, mais j'avais commencé à travailler sérieusement lors de ma tournée en Bulgarie avec le cirque Globus.

Dès lors, la boxe ne me lâcha plus, même si le monde amateur n'était pas vraiment fait pour moi. J'avais fait mon premier combat quelques mois plus tôt en Israël. Pour être parfaitement honnête, je ne me souviens ni du nom du lieu ni de celui du gars. Le club dans lequel je m'entraînais venait tout juste de se créer. Nous étions quatre ou cinq gugusses à boxer depuis à peine quelques mois. De la bande, à en croire mon entraîneur, j'étais le meilleur, et pourtant j'ai perdu piteusement. Tous ses poulains devaient boxer pour la première fois ce jour-là. Je suis le seul à avoir failli.

J'étais bouffé par le stress avant le combat. Pour ceux qui n'ont jamais été victimes de crises de panique, je voudrais les féliciter et leur conseiller de se tourner vers le ciel pour remercier le Tout-Puissant (en admettant qu'il existe). C'est vraiment une sensation épouvantable. Ton cerveau décroche et devient celui d'un animal traqué. Rien d'autre ne compte que la peur, il semble ne plus rien exister d'autre. La notion d'« après » devient inopérante.

La peur t'englobe tellement qu'elle devient un état et non un passage. Il te semble que désormais tu seras toujours aspiré comme un pauvre animal dans un tourbillon incontrôlable. Tu n'as pas peur, tu *es* la peur et tu le seras toujours !

Sous les yeux de tous, j'ai gerbé dans mon coin avant le combat. Est-il possible d'imaginer situation plus humiliante, lorsqu'on est un adolescent en soif de reconnaissance et à la poursuite de sa virilité naissante ?

Ne vous y trompez pas. Ce n'est pas le type qui me foutait les chocottes, mais la situation elle-même. Je me retrouvais face à une pression inconnue, la réalité. Je me nourrissais de rêves, tel un oisillon qui prend la becquée. Fini de jouer les Cassius Clay face à des sacs, il me fallait maintenant prouver que je deviendrais quelqu'un. L'humiliation fut telle que j'ai chialé toute la nuit la tête enfouie dans mon oreiller, comme le mioche que j'étais encore.

Mon père continuait de croire en moi, malgré ces débuts fort peu prometteurs. Papa connaissait mon extrême sensibilité. Il tâcha de me faire comprendre qu'il s'agissait d'une arme à double tranchant, mais qu'avec de la concentration et un travail adéquat, je pourrais m'en servir et être encore plus fort face à mes adversaires. Je n'ai pas oublié la leçon, même si j'ai toujours eu du mal, jusqu'à mes derniers combats pros, à vraiment la mettre en pratique. Ce jour-là, j'avais boxé comme pour une baston de rue mal faite. Il me fallait bosser le mental et je devinais, en mon for intérieur, que le reste ne tarderait guère à suivre.

X

Il nous fallait continuer notre route et nous étions très riches… d'argent bulgare ! Dans le monde occidental, cette devise ne valait guère plus que son poids en papier et papa en était parfaitement conscient. Avant de quitter le pays, les Bénichou avaient tout intérêt à trouver un moyen de garder au moins quelque chose de leurs pérégrinations au pays du yaourt communiste.

La seule solution consistait à convertir en or cette tune de Monopoly. Seulement, là encore, les autorités n'étaient guère enclines à laisser une famille occidentale, juive de surcroît, et donc toujours suspectée de sionisme, à sortir de l'or d'un pays pauvre et isolé. Nous nous sommes démerdés comme nous avons pu, au black et surtout au petit bonheur la chance. L'or, là-bas, était d'une qualité extrêmement médiocre, ce qui fait que, finalement, nous n'avons presque rien ramené, malgré le succès énorme de la tournée et l'argent initialement récolté.

Notre « 14 carats » en poche, nous sommes partis en Espagne après un court séjour en Italie. Je me retrouvais à Madrid, ville où j'étais né. Papa faisait quelques émissions de télé et reprenait ses consultations. Moi, je m'entraînais dans la même salle que Dum Dum Pacheco, un grand boxeur qui, bien qu'en fin de carrière, avait tout de même été champion d'Europe.

Je prenais la boxe de plus en plus au sérieux. Chaque jour, durant un peu plus de deux heures, je travaillais mes points faibles et Dieu seul sait à quel point ils étaient nombreux... Au début de ma « carrière » en amateur, j'avais un style bien différent de celui d'aujourd'hui. Probablement influencé par les cours de danse donnés par ma mère, j'étais tout en déplacement et en souplesse. Je concevais mes pas comme un art et j'étais victime d'une certaine quête de l'esthétisme, aux dépens souvent de l'efficacité. Je rêvais d'être un nouveau Mohammed Ali, car ce gars avait tout. La beauté du geste, le tempérament incroyable et l'efficacité d'un véritable dieu du ring.

Cela étant dit, il ne m'a pas fallu bien longtemps pour comprendre que la finesse et la subtilité, en boxe tout du moins, n'étaient pas vraiment mon truc. D'une part, je suis un cogneur, à la ville comme à la scène. J'aime renverser les choses, agir sur elles. Il s'agit d'un véritable tempérament qui m'a malheureusement parfois amené aux pires excès. J'ai une sainte horreur de l'inertie et de la paresse. L'homme se meut lorsqu'il croit, et c'est le fait de croire qui m'a donné envie de renverser des montagnes.

Ensuite, compte tenu de ma petite taille, si je voulais avoir une chance de toucher mon adversaire, il n'y avait pas un million de possibilités. Il me fallait lui rentrer dans le lard !

Cela n'a rien à voir avec la violence dans le sens méchant du terme. La pire violence est celle du sournois et du lâche qui se jouent de l'amour. Toute ma vie, j'ai entendu des gugusses donneurs de leçons se comporter vis-à-vis des autres avec un mépris et même une certaine jouissance de ce mépris, qui m'ont toujours mis sur le cul. Ils appellent cela de la diplomatie et même, pour les plus gonflés d'entre eux, du « savoir-vivre ».

J'appelle cela de l'hypocrisie, de la manip mentale. Le danger vient de les croire, lorsque chacun de leurs mots est une forme de manipulation. Ce sont des merdes de chien enveloppées dans du papier de soie. Gare à toi si tu t'y fies !

Avec mon genre de caractère, au moins les choses sont claires. Je sais que cela peut paraître incroyable, mais je suis un nounours, une véritable crème. J'ai une sensibilité à fleur de peau et un besoin d'amour qui m'a trop souvent poussé à ouvrir mes bras à des personnes telles que celles décrites plus haut. Au fond de moi, je suis bien un nounours. Mais il vaut mieux éviter de m'emmerder !

A l'époque de Madrid, j'étais très proche de papa et maman. Je crois n'avoir jamais eu de crise d'adolescence de toute ma vie (remarque, aujourd'hui, à quarante piges, je dois être à deux doigts d'en développer une, mais c'est une autre histoire). Mes parents me semblaient tels des dieux détenant des réponses. Je n'avais donc pas besoin de quitter le nid familial pour aller en chercher.

Malgré nos engueulades, depuis devenues fort nombreuses, ils m'ont donné une chose absolument essentielle pour le bon développement d'un mioche. ILS CROYAIENT EN MOI !

Mon père savait, peut-être même mieux encore que son fils, que je serais champion du monde. Il ne se contentait pas de me préparer psychologiquement : sa foi était communicative. Une force spirituelle énorme m'était transmise par ce biais. Je ne doutais pas car, dans ces yeux paternels, je pouvais lire la confiance dans mes capacités et dans mon talent, et ce malgré des débuts en amateur loin, mais alors très loin d'être mirobolants.

Certaines personnes enfoncent leurs mômes en leur refilant telle une maladie mortelle leurs propres frustrations et leur faille narcissique. Mes parents ont fait exactement l'inverse. Ils m'ont littéralement porté vers ma première ceinture !

C'est un amour teinté de reconnaissance et d'admiration qui s'exprime tandis que je noircis ces pages depuis mon pieu de Panamá City. J'imagine qu'ils me liront, et peut-être ainsi comprendront-ils ce que ma pudeur m'a empêché de leur exprimer aussi nettement durant toutes ces années d'errance à travers le monde, en quête de notre

Saint-Graal. Ecrire « Je vous aime » eût été plus simple peut-être, mais je me sens d'humeur à me lâcher plus largement.

C'était souvent en fonction de ma carrière que nous choisissions nos destinations, et j'avais de plus en plus mon avis à donner. C'est ainsi que, après une année passée à Madrid, nous sommes rentrés à Paris. Il me fallait pénétrer dans le monde de la boxe en France et poser ainsi les jalons de ma future ascension.

Nous nous sommes installés dans un hôtel rue de Tolbiac. C'était un gourbi infâme. Les cafards dansaient dans les couvertures et c'étaient bien eux qui semblaient à leur place. Même en Amérique du Sud, j'ai rarement vu un truc pareil. J'étais envahi par les blattes et le taulier demandait tout de même cent francs par jour pour partager leur couche !

Durant ces sept ou huit mois passés dans la capitale, mes parents faisaient la tournée des cabarets de Pigalle. Je plongeais de plus en plus dans la boxe avec délectation et m'entraînais de plus en plus sérieusement. Dans un premier temps, j'avais jeté mon dévolu sur Jean Bretonnel, rue du Faubourg-Saint-Martin.

Ce type était un vieux de la vieille, une légende de la boxe. J'aurais dû être fier de m'entraîner là-bas et fermer ma gueule, seulement ce n'est pas vraiment dans mon tempérament. Le courant n'est pas passé. Le type était froid et distant et je suis un affectif.

Il vouvoyait ses boxeurs... Je n'aurais jamais cru qu'une chose pareille soit possible. La boxe a ses règles et ses codes, comme n'importe quel milieu, mais ce n'est tout de même pas Versailles ! Pour me mettre à l'aise, j'avais besoin d'un minimum de complicité et pas de me retrouver dans un film de Sacha Guitry. Remarque, avec le recul de l'âge, ça avait une certaine gueule...

J'ai donc filé vers d'autres cieux, en l'occurrence chez Ben Saïd. Lui aussi était un vieux de la vieille, un grand bonhomme. Son truc, c'était de ramasser tous les parias de la boxe pour les tirer vers le haut. J'aimais son anticonformisme. En revanche, le lieu d'entraînement n'était guère chatoyant. Il s'agissait d'une vieille cave toute pourrie suintant l'humidité. Avec le mélange de sueur et de moisi, l'odorat y était à la fête. Seulement, là-dedans, les gars en voulaient. Ce n'était pas les salles d'Amérique du Sud, mais pour Paris, ce n'était pas si mal.

De toute manière, tout cela n'avait guère d'importance. Comme à l'habitude, nous ne tenions pas en place et les Bénichou se retrouvèrent de nouveau sur la route, direction l'Italie...

C'est à Milan en 83 que j'ai rencontré Pascale, ma première femme. Je m'entraînais dans la salle de la Totip avec Umberto Branchini. J'aimais bien ce gars et il fut l'un des premiers du milieu à croire un peu en moi. Mon gabarit n'était certes pas idéal et ma technique pas encore suffisamment affûtée, mais tout de même, avec le recul, j'ai du mal à comprendre pourquoi, en dehors des miens, il a fallu tant de temps pour que je sois pris au sérieux.

Umberto, lui, était intéressé par ce petit Français têtu et cogneur. Il prenait le temps de m'observer et, sans le subjuguer, je ne le laissais pas indifférent. J'étais en devenir et la chose me paraissait à moi évidente. Découvrir des gars qui ont du talent est une science et même une forme d'art. Dans n'importe quel domaine, c'est une denrée extrêmement précieuse. Le talent se cache sous mille et une formes et il faut avoir l'œil et l'esprit aiguisé pour pouvoir déceler cette petite chose encore balbutiante qui fera toute la différence. J'imagine que Branchini avait eu au moins un petit chatouillement au niveau du cerveau en me voyant boxer. Un tas de types soi-disant compétents n'y avaient vu que du feu.

Ce jour-là, il vint vers moi et me dit qu'une compatriote aux gros nichons s'entraînait dans la salle de gym qui jouxtait la nôtre. Je suis allé voir la donzelle, sans me faire de film, sans même y songer réellement.

Elle s'appelait Pascale, était fille de fonctionnaire et avait effectivement de gros seins. C'est, en synthétisant un peu, ce que j'ai immédiatement appris. Elle m'a plu tout de suite... Je sais ce que vous allez penser, mais sa poitrine n'était pas l'unique argument. Elle me plaisait tout simplement, comme une chose naturelle et allant tout bonnement de soi. J'ai craqué et nous avons tout de suite sympathisé.

Il n'y a rien de plus con qu'un gars amoureux, surtout lorsqu'il est aussi jeune. J'écoutais son histoire toujours avide d'en savoir plus sur elle. Sa mère venait de décéder et c'est la raison pour laquelle elle avait quitté Nantes, d'abord pour l'Angleterre, puis l'Italie. Sa mère avait été gardienne de prison et son père bossait pour un ministère. Nous ne venions décidément pas du même monde. C'est probablement ce qui la séduisit chez moi. Les Bénichou étaient des troubadours et des saltimbanques. Sa famille était conventionnelle, triste et terne.

Sa révolte, elle l'avait faite comme nombre de jeunes de l'époque à travers le mouvement punk. Leur Mecque était Londres. Elle en sortait tout juste lorsque nous nous sommes rencontrés.

J'ai marché des kilomètres pour la raccompagner dans la famille où elle était jeune fille au pair. Les choses n'ont pas traîné. Je n'avais pas connu le corps d'une femme depuis une éternité et je l'ai tirée pour la première fois en bas de chez elle, dans les poubelles. J'aurais dû me douter que c'était prémonitoire...

Oh, je plaisante... Je suis méchant, mais c'est pour le fun, le mot, rien de grave. La rancune n'est pas mon truc, même si je ne suis pas un saint (pourtant j'essaie...).

Pascale assistait au spectacle tous les soirs et, lorsque nous avons quitté Milan pour Gênes, je lui ai naturellement proposé de nous suivre.

Là-bas, j'ai rejoint l'équipe de la Fernet-Branca, la même qui avait formé Monzón en Argentine. Les choses devenaient de plus en plus sérieuses pour moi, et mon père pensait qu'il fallait songer à nous établir un petit peu, pour que je puisse prendre le temps de me former convenablement.

Comme à son habitude, le paternel avait une idée en tête... Un pas-de-porte était en vente et il voulait ouvrir un bar. Pascale nous avait parlé de son héritage de cinquante mille francs et voulait être dans le coup avec nous.

C'est ainsi que nous avons fait le voyage, Pascale et moi, jusqu'à Nantes pour aller chercher l'argent. J'ai rencontré son père. Ce type était froid comme une porte de prison. La mère ne devait guère être dépaysée lorsqu'elle rentrait du travail. D'une porte de taule, elle allait vers une autre.

Nous avons pris les cinquante mille balles et sommes rentrés à Gênes. Entre-temps, l'affaire avait été vendue et, en fait de stabilité, toute la tribu s'est envolée vers Berlin.

Une fois arrivés là-bas, mes parents reprirent comme toujours la tournée des cabarets. Mais ma carrière de boxeur était de plus en plus prise en compte dans nos choix et il n'y avait rien de bien intéressant à ce niveau, là-bas.

Je voulais devenir pro le plus vite possible, mais j'étais encore bien jeune. Nous savions qu'il nous faudrait un jour ou l'autre faire face et se poser quelque part, si nous voulions avoir une chance de pouvoir accomplir ma destinée. La licence de boxe était le Saint-Graal. Pour l'obtenir, il me faudrait faire mes preuves et arracher ma reconnaissance, non seulement avec mes poings, mais aussi et surtout avec mes tripes.

Pour la première fois, papa décida de mettre de côté sa propre carrière pour se concentrer sur la mienne. C'était la relève et il était temps pour moi de prouver ce que j'avais dans le bide. Nous étions une tribu et c'était maintenant à Fabrice de porter le flambeau des Bénichou. Pour me donner ma chance, pour la première fois de sa vie, mon père allait prendre un boulot fixe, « comme tout le monde ».

Après être passé à la télé dans le monde entier, avoir été appelé « Maître Tamao » par des gens souvent très importants, avoir fait de l'avion avec Sinatra, papa allait devenir concierge (eh oui !) à Massy-Palaiseau.

Mon père en concierge, c'était un peu comme de voir Sylvester Stallone en danseuse classique. Il fallait vraiment qu'il croie en moi, le bougre. Dieu, qu'il s'est fait chier dans cette loge. C'était une manière comme une autre de mettre Mowgli en cage. J'étais au tournant de ma vie de boxeur. Tout le monde, tout MON monde comptait sur moi. Il me fallait faire mes preuves.

Chaque jour, papa prenait sa bagnole et m'emmenait à Saint-Ouen au club du Red Star, chez José Jover. Je bossais comme un beau diable. Avec le recul, je manquais cruellement d'expérience, ce qui fait toute la différence. J'ai rencontré Stéphane Ferrara et Mouss Diouf là-bas. Mais il n'y avait pas de magie. La boxe amateur, ce n'était vraiment pas mon truc. L'ambiance n'était pas assez trash. La manière de compter les points me semblait ridicule. Tous les coups valaient à peu près la même chose. Les juges comptaient plus les touches que les coups. On se serait cru à l'escrime. Alors, les types portaient un maximum de coups, quelle que soit leur efficacité. On aurait dit des putains de libellules...

Moi, je voulais me battre, combattre vraiment, me mettre en face de moi-même, face à mes peurs. Là, j'étais dans un autre monde. Un univers de manières qui m'était totalement étranger. Il me faut bien admettre que je ne devais pas être facile à driver. Il y avait beaucoup de pseudo-conseils à la con, plutôt que de la véritable expérience. Pour gagner dans le milieu professionnel, il faut se dépasser, sortir de soi-même. Pour le milieu amateur, il faut se contrôler... C'est exactement le contraire !

La boxe n'était pas à mes yeux cette espèce de sport un brin ridicule, mais une lutte contre soi-même ; un combat dans lequel on devait mettre ses tripes et ses couilles sur la table. Mon côté entier était totalement incompatible avec cette vision trop « maniérée » de mon sport.

Ce n'était certes pas une raison pour me laisser faire ! Je suis devenu tout de même champion d'Ile-de-France et j'ai fait la finale du championnat de Paris. Mais je me faisais chier. J'imagine que cela se voyait !

Le summum du ridicule a été atteint en Hollande, lors d'un tournoi débile auquel je devais participer. René Acquaviva, alors directeur technique national, m'a balancé une phrase que je ne devais jamais oublier. Ce grand responsable de la boxe en France m'a regardé droit dans les yeux et m'a dit : « Fabrice, arrête la boxe, tu n'es pas fait pour ce sport... » Sans me démonter, j'ai dévisagé ce prince du staff national et lui ai dit : « Je t'emmerde, je serai champion du monde... »

Le type a souri... Un de ces sourires de mec sûr de lui et de son jugement. Depuis ma chambre du Panamá, j'aimerais pouvoir ouvrir une bouteille de champagne et trinquer à la santé de sa sainte connerie...

Cette anecdote m'en rappelle une autre qui a eu lieu dans le milieu de la musique. Brian Epstein, le manager des Beatles, cherchait désespérément une maison de disques pour ses petits gars. Bien sûr, loin de moi l'idée de me comparer à ces génies venus de Liverpool, mais c'est tout de même, toutes proportions gardées, la même certitude, la même bêtise...

Le responsable d'une maison de disques appelée Decca, qui signa plus tard avec les Stones, regarda Epstein droit dans les yeux et lui dit que les groupes avec guitares et batterie n'avaient aucun avenir. C'était en 1962... Les *fab four* ont eu la chance de trouver un original, producteur de musique classique et de sketches comiques. Le seul suffisamment visionnaire pour les engager, car absolument personne à Londres n'avait voulu d'eux. Ce génie qui avait su reconnaître les siens s'appelait George Martin. Comme quoi, découvrir le talent est bien un art...

Moi, je gardais la foi... C'est papa qui commençait sérieusement à perdre la boule. Il fallait s'y attendre, mais la chose a vraiment pris des proportions que nous n'aurions pas pu soupçonner. Daddy ne pouvait plus quitter son lit. La dépression l'a attrapé comme elle m'a chopé plus tard. Bouger pour lui était devenu une torture. Pascale, maman et moi-même devions assumer les travaux inhérents à la vie de concierge.

Pascale bossait dans une station-service et papa et elle avaient de plus en plus de mal à s'entendre. Pascale s'est d'ailleurs barrée après une engueulade mémorable. Je partis la chercher à Nantes où elle s'était réfugiée. L'ambiance était à couper au couteau.

Pour ne rien arranger, papa pétait les plombs. Il est impossible de mettre un papillon en cage. C'est exactement ce que mon père vivait. Pris dans la spirale de la boxe, je n'ai peut-être pas réalisé la violence de ce que mon père endurait. C'est bien plus tard, enfoncé moi-même dans le gouffre de la dépression, que j'ai compris l'horreur de cette chose, de cette bête.

Car la dépression, c'est l'alien. Cette chose s'empare de toi et te voilà différent à jamais. Ce truc te bouffe les tripes. La glace déforme ton image, la vie aussi.

A ceux qui n'ont jamais été victimes de ce mal épouvantable, je me permets de leur demander juste une toute petite chose. Ne jugez pas ! Il est facile de se sentir fort et même outré face à un dépressif. Mais la réalité de ce dernier est tout autre et ça n'a rien à voir avec de la faiblesse. Parmi mes amis et les hommes dont j'ai le plus admiré le courage et la force, un certain nombre d'entre eux ont été pris par cette merde.

Du jour au lendemain, tout s'efface, tout disparaît... Mon père n'était plus qu'une ombre. Sa tristesse était telle qu'elle rongeait tout sur son passage. Il fallait absolument que les choses bougent.

La chance vint lors d'une soirée de boxe à laquelle participait Gilles Elbilia. Le secrétaire général de la Fédération luxembourgeoise de boxe était présent. Ils firent connaissance. La Fédération française me trouvait trop jeune pour me donner une licence pro. Je n'avais pas encore les vingt et un ans requis. Thierry Jacob, lui, avait eu une dérogation, du fait de sa participation aux dernières olympiades. Il était en quelque sorte le chouchou des instances dirigeantes de la boxe hexagonale.

Je devais avoir fait une dizaine de combats amateurs, ce qui n'est pas beaucoup, et tous mes combats n'avaient pas été glorieux. Néanmoins, la Fédé luxembourgeoise a décidé, à la suite de cette rencontre, de m'octroyer le précieux sésame. Après un court séjour dans le duché, je me trouvais nanti du papier magique. J'étais désormais un pro. Le petit Fabrice n'était pas peu fier...

La Fédération française ne m'a jamais pardonné cette « trahison ». Je n'éprouve toujours aucun regret aujourd'hui. De toute manière, ce n'est certainement pas avec des types tels qu'Acquaviva que j'aurais pu faire mes preuves. Puisqu'on ne me donnait pas ma chance, eh bien, j'allais la prendre !

XI

Mon premier combat pro eut lieu le 19 juillet 1984 face à Claudio Tanda à Pistoia en Italie. C'était un de ces combats d'ouverture de soirée, un hors-d'œuvre en six rounds pour le public et, bien entendu, le plat principal pour votre serviteur.

Celui-là, plus que le gagner, j'avais parfaitement conscience que je ne devais surtout pas le perdre ! Malgré une certaine crispation due à l'enjeu, je n'ai pas trop mal boxé et, en fin de compte, gagné aux points face à un type pas mauvais et qui de surcroît boxait sur ses terres.

J'étais, vous l'imaginez bien, fier comme un paon. Bien sûr, nous avions gagné deux ou trois clopinettes, mais je les avais acquises par la force de mes poings et de mon travail. Je devenais petit à petit plus qu'un boxeur, un homme.

Papa revivait depuis que lui et moi avions quitté notre loge sinistre pour Milan et que nous étions de nouveau sur les routes de l'aventure. Maman était toujours à Massy pour assurer les arrières et continuait avec ce courage qui l'a toujours caractérisée à assumer les tâches de concierge.

Après un deuxième combat victorieux au mois d'août face à Corrado Infanti à Follonica, il fut décidé d'émigrer une nouvelle fois en Amérique du Sud.

Cette fois, maman abandonna la loge et nous accompagna. Seule Pascale dut rester dans l'Hexagone, à Nantes chez son père, pour des raisons de tunes, et ne nous a rejoints que quelques semaines plus tard.

L'Amérique latine est pour moi ma seconde maison, si ce n'est ma première. J'y suis chez moi, peut-être plus encore qu'à Paris. J'étais heureux de me retrouver dans cette ambiance qui m'a tant marqué durant mon enfance.

Cela dit, mon premier combat là-bas ne fut guère brillant et je connus ma première défaite pro. C'était le 10 mai 1984 à Barinas au Venezuela face à José Chacón. Je venais de m'engueuler comme un fou avec mon paternel. Je ne me souviens même plus des raisons de notre prise de tête. Les engueulades semblent toujours primordiales au moment où on les vit. C'est, en fait, leurs conséquences qui restent. J'ai oublié le pourquoi, mais le résultat resta toute ma vie marqué dans ma carrière.

Les autres sportifs ne connaissent pas cela. On ne dit pas : « Zidane, 456 matchs gagnés et 213 perdus » (j'invente le palmarès)... En revanche, pour un boxeur, toute son existence sera jugée en fonction de ses erreurs.

Chaque défaite reste gravée et la première chose que l'on dira de lui sera : « Fabrice Bénichou, 46 victoires, 17 défaites. » Nous autres boxeurs, nous sommes marqués à vie, comme des veaux.

Bien sûr, ce soir-là, j'ai boxé comme un con, totalement en dessous, et j'ai perdu par arrêt de l'arbitre. J'étais furax et humilié. Si la défaite fait partie de l'apprentissage, j'avais du mal à le supporter... Perdre n'est guère dans mon caractère. Il me fallait apprendre, apprendre, toujours apprendre. J'étais avide de savoirs, de techniques, de découvertes.

Après la Colombie, je suis allé au Panamá, là même où j'écris quelque dix-huit années plus tard mon histoire sur ce petit cahier bleu blindé de graffitis. C'est ici, dans cette ville bouffée par la moiteur, que j'ai vraiment appris la boxe et il est naturel aujourd'hui que j'y retourne pour revivre.

Car j'ai rencontré de sacrés boxeurs à cette époque au Panamá. De sacrées gueules, même...

Je m'entraînais dans la même salle que Roberto Durán, un Ovni champion du monde dans cinq catégories différentes. Ce type était une légende de la boxe, un véritable yo-yo. Il prenait autour de vingt kilos et les perdait dans les quelques semaines qui précédaient ses combats. On le surnommait Main de pierre (« Mano de piedra »).

J'avoue ne pas avoir tout de suite compris à quel point ce surnom pouvait être pertinent, jusqu'au jour où je me suis retrouvé sur le ring d'entraînement face à lui.

Durán devait bien peser trente kilos de plus que moi et je bougeais dans tous les sens, dans l'espoir d'échapper à ses coups. Le type s'énervait de plus en plus et a fini par me lâcher : « Arrête de gigoter comme ça, tu m'énerves. »

Persuadé qu'il s'agissait de la meilleure stratégie possible face à un malabar de cet ordre, je n'ai pas tenu compte de son avertissement et j'ai eu bien tort. Excédé par mes gesticulations, Durán me suivait tel un missile téléguidé et m'a décroché un formidable direct du gauche en plein dans le front.

Dire que le coup m'a fait mal est un doux euphémisme. J'avais l'impression que mon cerveau rebondissait dans ma boîte crânienne comme une balle de squash. J'ai levé les bras au ciel et j'ai gueulé : « Stop ! J'arrête. » J'avais finalement compris pourquoi on le surnommait Main de pierre. Le petit Fabrice Bénichou venait de se prendre un bloc de granit en pleine tronche et quitta le ring penaud, sans demander son reste.

Même si l'expérience fut douloureuse, c'est un des côtés magiques des salles de boxe dans ces pays-là. Je pouvais boxer avec des légendes, moi, le petit Franchouillard tout nouveau, tout beau. Là-bas, lors des entraînements, il n'y a pas de hiérarchie. Les amateurs boxent avec les pros dans une ambiance incroyablement naturelle et inimaginable en Europe. Des spectateurs viennent voir les entraînements et personne ne se la joue vedette. J'ai vu des gars comme Durán attendre que des petits boxeurs du dimanche aient fini leurs duels pour pénétrer sur le ring. C'est une attitude qui pourrait paraître aux yeux du profane pas très efficiente – et pourtant on trouve dans ces salles quelques-uns des meilleurs boxeurs du monde.

Notre salle était totalement pourrave, avec un grand ring au centre et un petit en bas. Nous mettions les gants tantôt face à l'un, tantôt face à l'autre. Chacun avait sa technique, une manière de se battre qui lui était propre. Toutes ces expériences m'ont tant appris qu'il me semble impossible d'exprimer par écrit tout ce que je dois en termes de boxe à cette période. C'est comme si quelqu'un ou quelque chose avait mis sur mon chemin exactement les partenaires qu'il me fallait pour apprendre le maximum de choses possible, avec comme unique volonté de devenir champion du monde.

Hilario Zapata, par exemple, était un boxeur à la technique et au style radicalement différents de ceux de Durán. Il avait une technique de ceinture incroyable. D'un coup de reins, il esquivait énormément de mes coups. Sa rapidité était celle d'un moustique que l'on cherche à claquer. Je prenais plus de coups que j'en donnais, mais, Dieu merci, Hilario n'avait rien dans les bras. C'est l'éternel problème de la dualité entre la vitesse et la force.

Bernardo el Maestrito Checa, quant à lui, avait de la force à revendre. C'est à lui que je dois l'un de mes coups les plus célèbres, le coup de poignard au foie. Ce coup m'a sauvé la peau plus d'une fois, dans des combats souvent mal engagés. Malheureusement pour sa carrière, Checa avait un point faible qui le rendait extrêmement vulnérable. Il avait une mâchoire de verre. Il suffisait de le toucher pour qu'il s'effondre. Enfin, « il suffisait »... Toucher ce gars relevait de l'exploit. Ce type était tout simplement un excellent boxeur.

Tout comme Edgar Montserrat... C'était un grand Black très longiligne qui ressemblait beaucoup à Panamá All Brown, un grand boxeur du début du siècle. Cet enfoiré m'a mis une raclée monumentale. Je n'ai rien vu venir ou presque. Quelques années plus tard, je l'ai pris comme sparring-partner et c'est moi qui lui ai mis une peignée fabuleuse. Je lui ai alors dit : « Dis-moi, mon pote, tu te souviens du Panamá ? »

Cela étant dit, je n'ai jamais éprouvé la moindre haine envers mes adversaires ou partenaires. J'aimerais, à travers ces pages, vous développer une théorie chevaleresque sur le monde de la boxe et la réalité des relations entre les boxeurs. En fait, la réalité se trouve quelque part entre les deux. Je me suis fait très peu d'amis dans le milieu et, en fin de compte, très peu d'ennemis également.

On se respecte mais, en dehors des rings, on ne se voit presque pas. La boxe n'est pas qu'un sport, c'est aussi un business. Moi, je n'avais qu'un seul but : briller, devenir champion du monde. J'étais entouré de ma tribu. Je n'avais donc pas besoin de papouillages excessifs. Le respect est primordial car, après tout, même si nous nous mesurions à coups de poing, nous étions tous sur le même bateau.

Mes combats officiels étaient chacun une leçon de vie. Le premier eut lieu au Gymnasio Neco de la Guardia à Panamá City le 15 juin 1985. J'étouffais au bout de deux ou trois rounds, et j'ai perdu aux points. Il allait falloir sérieusement m'entraîner et améliorer ma condition physique, pour pouvoir faire face aux affres du climat et à la chaleur suffocante qui règne sur cette partie de jungle d'Amérique centrale. Pour devenir le meilleur, quel que soit le domaine, il faut connaître ses faiblesses et bosser sur elles, tout en améliorant ses points forts. Celui qui fait uniquement le choix de se reposer sur ses dons, quels qu'ils soient, commet une grave erreur. Il y aura toujours quelqu'un pour le contourner et trouver ses faiblesses, aussi bien cachées soient-elles.

Le deuxième combat fut incroyable... C'était le 19 juillet de la même année à Colón dans le All Brown Gymnasium. Colón n'est pas n'importe quel endroit du Panamá. C'est là que naît le canal qui a donné tant de mal à Ferdinand de Lesseps. Là-bas, il n'y a guère que des ouvriers blacks et je devais boxer l'un des leurs, Gerardo Rodriguez. Dans une toute petite salle, pleine de gradins en bois rustiques, il y avait plusieurs milliers de fans en furie.

A l'intérieur de cet endroit surchauffé, j'avais vraiment l'impression d'être dans un autre monde. Il n'y avait guère que quelques marchands juifs qui faisaient du duty free à l'entrée du canal pour mettre un peu de couleur dans cet univers de Blacks.

Le public a été tout bonnement extraordinaire. Le gars était globalement de mon niveau et le combat fut âpre. Beaucoup de hurlements parvenaient à mes oreilles, tandis que, de coup en coup et de round en round, je prenais lentement le dessus sur mon adversaire. Malgré une extrême concentration due à la dureté de la lutte, j'avoue avoir été inquiet. Une bagarre générale avait éclaté et je me retrouvais dans cette arène, surpris et ignorant de tout.

En fait, j'entendis rapidement des applaudissements et je compris qu'ils m'étaient destinés. Les types m'appelaient le petit Durán (« el pequeño Durán »)... Je ne me sentais plus. J'ai goûté à l'ivresse de la réussite ce soir-là comme rarement dans ma carrière. Ce public était fou mais juste, comme cet endroit singulier, qui coupe deux continents en deux. Le « petit Durán » n'avait qu'une obsession : devenir grand le plus vite possible.

Le troisième combat de cette période fut mon premier K-O technique. J'en ai mis plein la gueule à Humberto Moreno. J'étais en train de m'envoler, avec la certitude que ma voie vers le championnat du monde était toute tracée.

Mais il me fallut partir pour Miami où un contrat m'attendait. J'allais être engagé comme sparring-partner par le promoteur Tuto Sabala au côté de Jesse Williams. J'étais bien à Panamá mais, devenu professionnel, je devais gagner ma vie.

Papa, lui, resta au Panamá. Après l'épisode de la loge à Massy-Palaiseau et la déprime qui l'avait accompagné, il était redevenu aux yeux de tous « Maître Tamao ». Petit à petit, son narcissisme meurtri reprenait du poil de la bête.

En parlant de bête, justement, j'en avais adopté une (à moins que ce ne soit elle qui m'ait adopté) et il fallait maintenant lui faire franchir la frontière et pénétrer aux Etats-Unis...

Beth Tania fut ma chienne pendant douze longues années et notre histoire fut une fois de plus singulière. A Panamá, nous logions dans une maison où ce chien est entré et s'est mis à squatter. Nous lui avons donné à boire et à manger, pensant qu'il s'agissait d'un animal poussé par la faim et la soif. Mais c'est à peine si la chienne toucha les gamelles. Visiblement, cette adorable boule de poils, un airedale terrier, était là pour tout à fait autre chose. Du jour au lendemain, elle se mit à me suivre dans chacun de mes déplacements. Elle m'avait choisi pour une raison que j'ignore.

C'est seulement quelques jours plus tard, que j'appris que son propriétaire légitime habitait une maison voisine de la nôtre. A contrecœur, mais avec la certitude de bien agir, je suis donc allé le voir pour lui restituer sa chienne. Celle-ci ne semblait guère vouloir y aller et traîna les pattes sur tout le chemin. Arrivée là-bas, elle pleura comme un chiot. On pourrait imaginer que le type la battait ou quelque chose de ce genre, mais non, il s'agissait d'un gars correct qui, le plus simplement du monde, voyant à quel point sa chienne s'était attachée à moi, me la donna ainsi que ses papiers.

Heureusement, Tania était vaccinée et en règle, ce qui était rarissime pour un chien d'Amérique latine. J'ai donc pu, sans difficulté majeure, l'emmener avec nous à Miami.

En Floride, nous logions dans une bicoque avec d'autres boxeurs dont Jesse Williams. J'étais le sparring-partner de Miguel « Happy » Lora, qui se préparait pour son championnat du monde des poids coqs. Pascale était enceinte et nous avions un chien. Pourtant, dans ce milieu guère familial, personne n'émit la moindre remarque concernant l'un ou l'autre. J'avais de la chance, les gars étaient plutôt cool.

Avec le recul, moi aussi je l'étais, drôlement même... A vingt ans à peine, on ne se rend compte de rien. Ma femme était enceinte et tout cela ne me causait aucun questionnement majeur. J'allais avoir un bébé, point. L'énorme engagement et la responsabilité que représente la paternité me passaient totalement au-dessus de la tête. J'étais un enfant qui allait avoir un enfant, voilà tout. Bien sûr, je voulais ce bout de chou, avec force même, mais j'étais incapable de me rendre compte de ce que cela signifiait concrètement. La vie m'a vite appris par la suite les règles de base et à quel point cette forme d'amour que l'on nomme la paternité peut radicalement et à jamais changer notre manière d'être et de concevoir le monde.

Lorsque nous nous sommes séparés, Pascale et moi, et que je n'ai rapidement plus vu mes enfants, c'est comme si l'on m'avait arraché plusieurs membres. Je n'ai jamais été très doué pour exprimer mes sentiments. Lorsque je suis bouleversé et que j'ai peur, l'absence aidant, je culpabilise de ne pas avoir su leur dire « Je vous aime » avec suffisamment de force.

J'ai déjà parlé de tout cela plus haut et le but d'un tel récit n'est certes pas de faire chialer dans les chaumières. Je suis plus à l'aise pour parler de boxe, les coups y font moins mal...

Le soir du championnat du monde de Miguel, il était prévu que je boxe un type et Jesse Williams un autre avant le grand combat de Lora. Ces deux connards ne sont jamais venus. Dans les loges, Jesse et moi nous préparions en nous encourageant mutuellement. Cela faisait plusieurs mois que nous vivions sous le même toit et, sans parler d'une amitié indestructible, une certaine connivence s'était installée entre nous.

Tuto Sabala a attendu que nous soyons fin prêts pour nous donner la terrible nouvelle : nous allions devoir nous battre l'un contre l'autre, devant une foule surexcitée.

J'étais mal à l'aise, et pourtant je devenais un vrai pro. J'allais y aller et lui aussi, aucun doute là-dessus.

Le combat fut étrange et rude. Nous connaissions extrêmement bien nos points forts et faibles respectifs. Jesse était comme moi, un boxeur petit, néanmoins fort et extrêmement agile. L'issue du combat était incertaine. Nous croisions le fer, certes bienveillants l'un vis-à-vis de l'autre, mais avec de chaque côté une terrible envie de vaincre. Nos *cojones* étaient sur la table et c'était à celui qui briserait celles de l'autre le premier. J'ai décoché le bon coup au bon moment et je lui ai fait exploser l'arcade sourcilière. Jesse, touché sérieusement, a dû arrêter le combat et je me suis retrouvé vainqueur une nouvelle fois.

De son côté, Miguel « Happy » Lora, que nous avions entraîné durant toutes ces semaines, avait été sacré champion du monde après lui aussi avoir triomphé. Je pouvais quitter Miami avec ma femme, mon chien, mon père qui nous avait rejoints pour le combat et la poignée de dollars remportée (environ mille si ma mémoire est exacte) et retourner en Europe avec la satisfaction du devoir accompli.

XII

Nous avions quitté Miami par trente degrés et avons atterri à Stuttgart en plein hiver. Il faisait moins dix degrés. C'est la chienne qui a souffert. La pauvre bête pleurait. Elle n'avait jamais connu cela. Le Panamá est non loin de l'équateur et il n'y a quasiment jamais d'hiver. Ce fut un sacré choc pour Tania : elle venait de devenir européenne. J'imagine qu'elle a dû un instant regretter de m'avoir choisi.

Avec l'argent gagné en Floride, je me suis acheté une vieille GS et j'ai emmené ma femme et mon chien à Nantes. Je devais aller en Italie pour être le sparring-partner de Mauricio Stecca mais, compte tenu de l'état avancé de la grossesse de Pascale et de la fragilité de sa santé, il me paraissait inconcevable de l'amener avec moi pour un si long voyage par la route, sachant en plus qu'elle devait accoucher en France.

J'ai donc pris ma vieille caisse et j'ai filé au Luxembourg renouveler ma licence, puis à Rimini sur la côte adriatique.

A peine quelques jours après mon arrivée, le 23 avril 1986, j'ai appris que ma femme était sur le point d'accoucher. J'ai donc repris ma GS et j'ai filé sur Nantes. Entre-temps, mon petit bout de chou avait vu le jour, mais l'accouchement s'était mal passé. Pascale, peut-être à cause de la péridurale, avait fait une réaction méningitique et était dure comme du bois. La pauvre avait été à deux doigts de décéder en donnant la vie. Je chialais comme un môme. J'avais peur de perdre ma compagne et en même temps je tenais dans mes bras ce petit bout de vie et j'étais bouffé par l'émotion.

Heureusement, Pascale se remit rapidement et, une semaine plus tard, nous avons pu quitter Nantes et filer avec le bébé et mon chien vers Rimini où m'attendait l'équipe de la Totip et Stecca. Gonflé à bloc, j'ai gagné facilement mes deux combats italiens, le premier par K-O technique et le second aux points, et nous sommes retournés en France.

C'est lors d'une soirée de boxe à Juan-les-Pins, durant laquelle je n'ai pas boxé moi-même, qu'eut lieu une rencontre décisive pour le reste de ma carrière. Il s'agissait d'un championnat du monde organisé par Roger Ferrer. Papa et Ferrer ont sympathisé rapidement et Ferrer a présenté à mon père un entraîneur, un certain Molina.

Ce type était la bête noire de la Fédération où son fichu caractère faisait des ravages. Nous avions en commun ce rejet des instances dirigeantes. Il semblait finalement assez naturel pour les deux moutons noirs de s'associer. Avec des allers-retours à travers trois continents, Molina est globalement resté mon entraîneur jusqu'au désastre de mon dernier championnat d'Europe face à Spencer Oliver dont j'ai déjà parlé ici.

Il ne m'a jamais pardonné mon apathie de ce satané soir de janvier 1998 à Londres et quelque part, au fond de lui, je suis sûr qu'il reste persuadé que je me suis laissé acheter. Il est certain que j'étais absent, mais Oliver n'a pas eu besoin de payer car, ce soir-là, j'étais tout simplement mort à la boxe. Aujourd'hui, au Panamá, j'essaie d'y renaître, pour simplement pouvoir exister.

A l'époque, pour rejoindre Molina, toute la tribu s'est installée à Marseille. Molina officiait dans la salle de Saint-Marcel. Il était un entraîneur extrêmement prudent et pragmatique. Nous n'étions pas vraiment proches, mais nos relations étaient empreintes d'un respect mutuel évident.

Molina m'observait beaucoup, avec un regard indéfinissable. Pour l'entraînement, je mettais les gants avec « la mitraillette » Alain Limarola. Champion de France des poids mouches, Alain était une machine à donner et à prendre des coups. Avec son talent, je suis surpris de son palmarès relativement pauvre. Ce bon boxeur a été victime d'une mauvaise gestion de carrière. Il avait pris trop de coups.

Alain était vraiment un partenaire idéal. Lors de ses combats, dès le premier round, tous les observateurs pensaient qu'il allait perdre, tant il encaissait. Puis, tout d'un coup, il sortait la mitraillette et enchaînait les coups avec une rapidité extraordinaire jusqu'à la victoire. C'était à présent au type de s'écrouler à force de se faire taper dessus. Son combat face à Jacob quelques mois plus tard l'a rendu dingue, probablement à juste titre. Alain avait été arrêté au cinquième round par l'arbitre, soi-disant parce que ses yeux étaient fermés par les coups de Jacob. Il n'aurait peut-être pas gagné, mais il est de toute manière impossible de le savoir, parce qu'on ne lui a pas laissé la chance d'essayer.

Molina me faisait travailler de manière intelligente et j'étais un sacré bosseur, dévoré par l'envie de réussir. Je me levais déterminé et filais à la salle. Molina nous a présenté, à mon père et à moi, les frères Acariès, de très grands promoteurs.

Conscients de mon ambition, les Acariès me proposèrent alors de faire mon premier combat médiatique à Paris. Je voulais passer à la télé et montrer au public mon incroyable détermination. J'étais enthousiaste et bien décidé à faire mon show.

Le combat eut lieu le 15 septembre 1986 face à Fernando Beltrán au Club 78, une boîte alors très en vogue sur les Champs-Elysées. Beltrán était un excellent boxeur plein d'expérience. Il avait derrière lui quelque chose comme cinquante-cinq combats et moi à peine neuf. Personne ne donnait bien cher de ma peau.

Un politicien aux idées contraires aux miennes, alors en pleine ascension, était présent dans la salle – un certain Jean-Marie Le Pen. Par bravade, je portais un short flanqué des couleurs de la France sur la jambe droite et d'Israël sur la jambe gauche. Il fallait me voir fanfaronner devant Le Pen avec mon étoile de David...

Avant que je monte sur le ring, un type à la gueule de con est venu vers moi et m'a dit : « Retire cette étoile. M. Le Pen est dans la salle. Un peu de respect, tu n'as pas honte ? » Je me suis alors tourné vers Le Pen et j'ai gueulé : « Monsieur Le Pen, je vous emmerde. » Vingt ans plus tard, c'est encore vrai et, plus que jamais, je lui transmets mes salutations les plus odieuses...

Le combat en lui-même fut beau. C'était un de ces duels « à toi, à moi » extrêmement rude. Je l'ai touché plusieurs fois sérieusement. Je n'étais pas assez prêt physiquement, et c'est donc lui qui l'a emporté.

Mais j'avais gagné ce soir-là une réputation de teigneux et de boxeur aux grosses couilles. Cette réputation, j'allais sur ma lancée mettre un point d'honneur à y être fidèle.

J'ai rencontré par la suite deux boxeurs, Muriel et Otero, à quelques jours d'intervalle. Muriel devait bien faire trois ou quatre kilos de plus que moi et avait une frappe lourde qui m'a beaucoup éprouvé, ce qui ne m'a pas empêché de le battre aux points.

Le combat face à Otero fut terrible. Non que le type me dominait (nous en étions bien loin), mais parce que je me suis pété le poignet droit lors d'un uppercut à la deuxième reprise. J'avais déjà niqué sérieusement le pouce gauche à l'entraînement quelques jours plus tôt. Malgré la souffrance, je serrais les dents. Pour couronner le tout, Otero, comme Muriel, accusait deux bons kilos de plus que moi sur la balance. J'en voulais tant qu'il aurait fallu une escouade de gendarmes pour me faire arrêter. J'ai gagné le combat. Ma hargne avait triomphé de ma souffrance. J'étais fier de moi, de cette persévérance qui m'avait fait l'emporter.

Ma réputation de boxeur qui ne lâche pas une miette augmentait de combat en combat. Je cultivais mon image de grande gueule.

Les combats s'enchaînaient à un rythme diabolique. Je voulais absolument progresser le plus vite possible dans la hiérarchie mondiale, avec toujours un seul et unique but : réaliser la prophétie qui m'avait été faite quelques années plus tôt en Israël et devenir champion du monde.

J'étais comme sur un nuage, en pleine ascension, et rien ne semblait pouvoir me résister. Les deux boxeurs suivants n'ont pas tenu un round. Le premier, Kelvin Smart, à Montpellier, a été arrêté par l'arbitre bien avant la fin de la première reprise. Le pauvre gars en avait pris plein la gueule. Le deuxième, Rocky Lawlor, n'a même pas eu besoin de l'arbitre et s'est retrouvé K-O au premier round tout seul comme un grand. Bon... Admettons que je l'ai aidé du mieux que j'ai pu.

Ça n'a l'air de rien, mais il faut savoir qu'il n'est guère dans l'esprit des boxeurs britanniques de se coucher comme des merdes. J'avais vraiment fait des combats magnifiques et j'avais des raisons légitimes d'être fier de moi.

Toujours dans la folie du moment qui consistait à enchaîner les combats, il fut convenu avec le manager Ben Saïd que je rencontrerais un certain Holmes pour le prochain duel. Ce dernier s'est défilé au dernier moment. Aujourd'hui encore, je ne sais pas avec certitude pourquoi il n'est pas venu. Certains ont dit qu'il avait la trouille (ce qui est plutôt flatteur pour moi), tandis que d'autres prétendent que la Fédération lui aurait mis des bâtons dans les roues. Lui seul le sait et, finalement, ça n'a guère d'importance.

Toujours est-il que, du coup, je me retrouvais sans adversaire pour la réunion prévue. C'est alors que Ben

Saïd a proposé à mon père de remplacer Holmes par Moussa Sangare. Il y avait un léger problème, sans vilain jeu de mots. Sangare était un superplume et moi un petit coq. J'avais l'habitude de boxer des mecs plus lourds, mais celui-ci était un sacré bonhomme. Avec une meilleure gestion de carrière, il aurait pu tenter sa chance dans un championnat du monde. Son expérience était bien plus grande que la mienne.

Face à ces arguments de poids, Ben Saïd avait tenté de rassurer mon père en lui disant que Sangare n'allait pas boxer à fond, qu'il avait conscience de ce changement de programme de dernière minute, etc. Mon cul ! Le type s'est jeté sur moi et je me suis fait arrêter par l'arbitre à la sixième reprise après m'être fait copieusement allumer.

J'aimerais me lancer dans de savoureuses formules littéraires pour exprimer ce que je ressentais, mais la vérité c'est que j'avais les glandes, un point c'est tout.

Il fallait me reprendre absolument et effacer ce faux pas le plus rapidement possible. Me trouver des adversaires n'était pas une sinécure. Lors de la réunion de la Soucoupe à Saint-Nazaire, on a mis en face de moi, une fois n'est pas coutume, un Français : Jean-Paul Guillard. Guillard n'était pas un mauvais boxeur. Il s'était coltiné des grands tels que Stecca ou Jacob. J'avais conscience que, ce combat-là, je n'avais pas le droit de le perdre.

Bien entendu, j'étais tendu face à l'enjeu. Comme à mon habitude, j'ai tout de suite foncé sur le type pour lui mettre le maximum de pression. Guillard a réagi très intelligemment en tournant tout autour de moi, dans le but de me balader et de me faire perdre le maximum de niaque possible. C'est lui qui a d'ailleurs porté le premier coup sérieux, un crochet du droit en contre qui m'a piqué au vif. J'ai bien encaissé et heureusement, car j'avais fait une belle boulette. Je bouillonnais... Mon orgueil avait été plus touché que moi-même. Du coup, à la troisième, je me suis déchaîné et Guillard a été arrêté par l'arbitre dans un piteux état. J'étais de nouveau en piste et j'avais lavé mon honneur.

L'adversaire suivant, James Tolliver, ne tenut d'ailleurs qu'un petit round. J'apprenais mon métier à vitesse grand V, car je combattais sans cesse. J'ai gagné aux points moins d'un mois plus tard face à Shane Sylvester, avant de connaître de nouveau la défaite dix jours plus tard au Luxembourg, face à Haidar Nourredine par K-O technique à la troisième reprise. Je suis obligé de parler des conditions, quitte à paraître de mauvaise foi, car tout cela est vérifiable aisément. Cet enfoiré m'a mis un coup de boule, ce qui est bien entendu prohibé. Mon arcade saignait, mais j'aurais pu continuer mon combat. Tout le monde avait vu la tricherie. L'arbitre a arrêté le combat sans disqualifier le tricheur, en l'avertissant simplement après lui avoir retiré un malheureux point. J'étais fou de rage...

Dire que je déteste perdre est un doux euphémisme. J'aime me définir comme un bon joueur, mais un mauvais perdant. Comme beaucoup de gens qui ont une faille narcissique majeure, la moindre défaite me chamboule et, dans mon esprit facilement tourmenté, remet tout en cause chaque fois. Pour moi, perdre, c'est une sorte de petite mort (sans mauvais jeu de mots, même si indirectement cela a bien à voir avec le sexe, au moins au sens symbolique).

Je suis incapable de me remettre en question sans que tout s'écroule. Ce n'est pas que je sois trop fier, c'est simplement parce que tout au fond de mon âme je n'ai aucune confiance en moi. C'est également la raison pour laquelle j'aime tant faire le fanfaron. Je me cache derrière un personnage. C'est une sorte de maquillage pour vieille pute. Une forme de comédie qui me fait oublier, le temps d'un rond de jambe, les peurs qui m'habitent.

Bien sûr, tout cela n'est pas simple et, comme tant d'autres, je suis ambivalent, car d'un autre côté, j'ai toujours cru en mon étoile et j'ai toujours su que je serais champion du monde. Avant de pratiquer la boxe, je pensais devenir vedette d'une manière ou d'une autre. Je voulais avant tout devenir célèbre. Ce n'était pas seulement une évidence, c'était une nécessité. J'imagine que ce sentiment est fréquent chez les gens qui ont « réussi ». On ne devient pas célèbre sans le vouloir dès la naissance.

A mes yeux, Warhol avait tort... Tout le monde ne sera pas célèbre un quart d'heure dans sa vie. Ceux qui deviennent connus, à de rares exceptions près, le savent au fond d'eux depuis toujours. Le reste n'est plus qu'une question de moyens.

Le mien est la boxe. En cette année 87 et malgré la défaite peu glorieuse face à Haidar, j'étais sur la voie du bonheur. J'affichais ouvertement, avec cette discrétion qui ne m'a jamais caractérisé, mes prétentions de défier Jacob pour le titre de championnat d'Europe. Pour devenir le challenger, il fallait que je sois classé deuxième coq européen. Les journaux commençaient à parler de moi et mes victoires me donnaient une crédibilité certaine. Malgré le peu d'amour que me portait la Fédération française, je commençais à m'imposer au fur et à mesure des combats comme un challenger potentiel.

Théo Wagner, le président de la Fédération luxembourgeoise, m'a donné un sacré coup de main. C'est en fait grâce à lui que je me suis retrouvé à Calais et que je suis devenu champion d'Europe. Mon père et lui se sont entendus pour l'affaire. Il ne me restait qu'à battre Jacob, ce que j'ai fait. A défaut d'être champion du monde, j'étais déjà champion d'Europe et il me fallait coûte que coûte conserver mon titre. La première marche était franchie, il s'agissait de ne plus descendre.

XIII

J'ai pourtant perdu mon titre de champion d'Europe lors de ma première défense, face à Belcastro, en Italie. Je n'ai gardé ce putain de trophée en tout et pour tout que moins de trois mois. Le pire, c'est que c'était ma faute... Entièrement ma faute ! J'avais pété plus haut que mon cul et sacrément sous-estimé le bonhomme. Belcastro était arrivé fin prêt, la niaque au ventre et dévoré par l'envie d'en découdre. Le petit Fabrice, quant à lui, frimait, fanfaronnait, sûr de sa victoire et de sa supériorité. Ce que l'on peut être con à cet âge-là, c'est à peine croyable !

C'était un de ces jours qui commencent mal, pour se terminer plus mal encore. Dès le matin, je m'étais engueulé comme du poisson pourri avec mon père et ma compagne. J'étais ailleurs que dans mon match et pourtant ce dernier n'a pas trop mal débuté.

J'ai commencé par balader Belcastro comme un pantin, trop sûr de moi, comme s'il s'agissait d'une simple exhibition. Du coup, sur un crochet du gauche totalement téléphoné, j'ai pris un direct du droit sous l'oreille. Le coup paraissait relativement anodin et pourtant ce fut, l'espace de quelques instants, le brouillard. J'ai repris mes esprits en entendant l'arbitre me compter : 5... 6... Le cauchemar de tout boxeur...

Fidèle à ma réputation de combattant qui ne lâche jamais une miette, je me suis relevé, prêt à en découdre de nouveau et déterminé à faire gaffe pour finir ce bonhomme. J'aurais aimé un scénario semblable à celui de mon combat face à Guillard quelques mois plus tôt (même si je n'étais pas tombé, ni bien sûr n'avais été compté ce soir-là). Je vais paraître une fois de plus sûr de moi, mais je suis convaincu que j'aurais sans trop de difficulté terminé mon adversaire. C'était néanmoins négliger un détail essentiel... Je boxais en Italie face à un Italien ! L'arbitre a arrêté le combat.

Ma carrière était dans une mauvaise passe. Mon rêve semblait tout à coup prendre un sacré coup dans l'aile. Comment devenir champion du monde si je ne pouvais défendre mon titre de champion d'Europe ? Je suis reparti d'Italie la tête basse. Le fanfaron n'avait plus qu'une hâte : fuir son audience, se cacher.

Je savais pertinemment qu'il allait falloir reprendre sérieusement les choses en main et me concentrer sur mon travail. Décidé à m'enfuir tout autant qu'à repartir, j'ai abandonné mon appartement de Marseille avec tout ce qu'il contenait et j'ai pris un avion pour le Costa Rica *via* le Nicaragua.

L'Amérique latine est un lieu où je me suis toujours retrouvé et ressourcé. Aujourd'hui encore, j'ai choisi le Panamá pour repartir. Ce choix me paraissait une évidence, seulement, je n'ai rien trouvé cette fois-ci de bien alléchant et aucune des propositions qui m'étaient faites ne me paraissait suffisamment sérieuse.

C'est à ce moment que je suis parti rejoindre Virgil Hill à Las Vegas. J'avais rencontré Virgil à Paris lors d'un de ses championnats du monde et le courant était super bien passé. De toute manière, il me fallait être en contact avec des grands si je ne voulais pas rapetisser moi-même.

Virgil était un métis magnifique, un mélange de parents blancs et de grands-parents pour partie noirs et indiens. C'était un superbe mec et un excellent boxeur. J'eus la chance qu'il devienne l'un de mes potes.

J'habitais un appart au-dessus de chez lui et, malgré le sérieux de nos préparations respectives, nous nous marrions bien. Nous nous entraînions dans la même salle, délirions sur les mêmes choses. Mais, au-delà du plaisir de, pour une fois, m'entendre vraiment avec un boxeur, j'ai très bien travaillé avec l'entraîneur de Virgil, Freddy Roach, dont j'ai déjà parlé. C'est lui qui, lors d'un jogging durant lequel il traînait la patte, a trahi le début de sa maladie de Parkinson.

Avec Freddy, j'ai resserré ma technique et affûté mon style. L'expérience fut extrêmement instructive et me permit de conduire mes deux combats américains avec une relative aisance. Ces deux confrontations furent retransmises par Canal + en France, une chaîne toute neuve avec un style révolutionnaire pour l'époque. Si, dans les réunions aux Etats-Unis, j'étais un relatif inconnu pour les Ricains, ces retransmissions m'ont permis de relancer ma carrière, au moins du point de vue médiatique, dans mon pays à sept mille kilomètres de là. De bien beaux combats...

Le premier eut lieu face à Efren Chavez à l'hôtel Hilton de Vegas et ce fut un affrontement rude, avec à la clé une victoire aux points méritée, arrachée au prix d'une concentration et d'une volonté sans faille.

Le second combat face à Alberto Contreras se déroula au célèbre Caesar's Palace, endroit mythique s'il en est à Las Vegas, et ce fut une victoire relativement aisée par K-O technique à la troisième reprise. Non seulement, après le désastre italien, je reprenais du poil de la bête, mais ma boxe progressait. Je pensais reconquérir mon titre de champion d'Europe, mais un coup de chance incroyable me donna la possibilité de tenter autre chose, le rêve d'un enfant devenu grand.

En fait, je dus mon salut au fait de ne pas avoir été pris au sérieux. Mon père se démenait auprès des frères Acariès pour me faire faire un combat le plus prestigieux possible. Ses espérances, et les miennes du coup, furent comblées au-delà du possible. José Sanabria et ses managers surtout cherchaient un challenger « facile » pour qu'il conserve son titre de champion du monde sans trop de dégâts. Bénichou semblait l'adversaire idéal : n'avait-il pas perdu son championnat d'Europe ?

J'allais lui démontrer qu'il s'agissait là d'une erreur fatale. La première fois, pourtant, je ne pus accéder au rêve. C'était au Pavillon Baltard à Nogent-sur-Marne. Je menais pourtant de sept points lorsque, à la dixième reprise, je fus victime d'un coup splendide de la part de ce vieux renard de Sanabria. Avec un pas de retrait lors d'une de mes attaques, je pris en pleine gueule un uppercut et ce fut la fin, pour cette fois...

Il me fallait repartir de nouveau. Pourtant j'y croyais toujours, malgré ma défaite lors de deux combats extrêmement importants. La Fédération française me prépara un vilain coup et, avec cette naïveté qui me caractérise, je suis tombé dedans.

C'était le 7 novembre 1988 au Palace à Paris face à Raymond Armand. Les promoteurs me chantaient une chanson ridicule du style : « Il s'agit d'une simple exhibition, rien de sérieux. » Le pire, c'est que j'écoutais ces conneries. Je me suis laissé baiser comme un bleu.

Malgré le peu de crédit que je donnais à la rencontre, je menais la danse et ne me faisais pas de bile. A la fin du combat, je me sentais tranquille et pensais déjà à autre chose. C'est alors que l'arbitre a levé le bras d'Armand. Ce crétin d'arbitre a osé me dire un truc du genre : « Tiens-toi tranquille, Bénichou, tu as perdu... »

Perdu ? Perdu ? ! Mon cul... Ce mec était minable, je l'aurais bouffé tout cru. J'avais été roulé comme un enfant. Mon retour en France était catastrophique et il allait me falloir réagir au plus vite.

Pourquoi tant de haine à mon égard ? Certes, je ne suis pas toujours de bonne composition, ne serait-ce que parce que j'ai une fâcheuse tendance à toujours vouloir m'ébattre et me battre hors des sentiers battus. Mais tout de même... J'étais français, bordel ! Aujourd'hui encore je n'y comprends rien. Une fois de plus, j'étais abattu par les coups de la vie plus que par ceux de mes adversaires.

Comment rebondir ? Je devenais plus lucide et moins niais. Il me faudrait désormais considérer plus sérieusement la gestion de ma carrière, le choix des combats et de mes adversaires. Chaque défaite m'éloignait un peu plus de mon destin, et après chacune, aussi injuste soit-elle, je me devais d'enchaîner les victoires pour sauver ma réputation. C'est ce que je fis en enchaînant trois victoires jusqu'à ce que l'on me redonne la chance, le 10 mars 1988, de prendre ma revanche sur Sanabria et, cette fois-ci, de devenir champion du monde. Sanabria venait tout juste de rencontrer Jacob et lui avait mis une raclée monumentale, et, contrairement à mon précédent combat face à lui, il était prêt. Pourtant je l'ai battu, j'avais de sacrées raisons d'être fier.

Du jour au lendemain, tout changea. Il était devenu impossible de ne pas me prendre au sérieux. Même les gars de la Fédération étaient bien obligés de faire plus ou moins semblant. De toute part on me congratulait et les sourires inondaient les visages des gens qui tentaient de se montrer sous leur meilleur profil. Comment leur dire : « Baisse ton pantalon, crétin, parce que ton meilleur profil, c'est ton cul ! » ?

J'étais bien élevé à l'époque et probablement passablement dupe. Quand on court après l'amour, le plus sûr moyen de se faire duper, c'est de tomber sur des gens qui vous disent exactement ce que vous avez besoin d'entendre. Vous voilà marionnette, accro à la reconnaissance, même factice, parce qu'elle permet d'oublier, ne serait-ce qu'un instant, que fondamentalement vous ne vous aimez pas : « Si les autres me disent que je suis génial, c'est donc que j'ai tort de ne pas me supporter. » On ouvre ses yeux trop tard, il ne nous reste plus qu'eux pour pleurer.

J'admire les gars qui disent qu'ils n'ont aucun regret... Remarquez, c'est ce que disait Dönitz à Nuremberg... Moi, des regrets, j'en ai plein ma caboche à souvenirs. Même s'il m'est arrivé à des moments cruciaux de faire le bon choix, je me suis laissé trop souvent bercer d'illusions d'amour. J'étais comme le petit Tommy de l'opéra-rock des Who. Je criais : « Vois-moi, touche-moi, entends-moi, guéris-moi », et je pensais être entendu. Je tentais de m'apaiser sous les flots de compliments, en fait je ne tarderais guère à m'y noyer.

Car, pour l'instant, tout semblait aller pour le mieux. J'étais champion du monde. Même si je ne le réalisais pas vraiment, au moins je le savais. Désormais, il allait falloir me battre pour conserver ce titre tant attendu !

Ma première défense eut lieu le 10 juin 1989 au Palazzo dello Sport, Frosinone, Lazio, Italie. Ce fut un truc de dingues, ne serait-ce que par la personnalité des organisateurs. Après avoir insulté avec délectation M. Le Pen quelques mois plus tôt, je me retrouvais en effet, moi, le petit Juif, vedette d'une réunion organisée par le parti néofasciste italien.

J'ai toujours eu un don particulier pour me fourrer dans des drôles de situations. Comment imaginer ça aujourd'hui ? Un parti de gros cons d'extrême droite qui organise un combat de boxe et il faut absolument que je sois mêlé à ça...

Pour pimenter le tout, mon adversaire, Frans Badenhorst, était un Sud-Africain, blanc, un type de la « race des seigneurs » qui sévissait alors au pays de Mandela, enfermé depuis des décennies dans les geôles des racistes.

Cela dit, ce brave Frans n'y pouvait pas grand-chose. J'imagine que si ça se trouve, c'était peut-être même un brave type. Mais pour les nombreux fachos frustrés de la bite qui peuplaient les tribunes, il était un symbole. J'ai rarement été aussi sifflé que ce soir-là, même si, contrairement à Calais face à Jacob, je n'ai pas vraiment le souvenir d'insultes antisémites.

Mon adversaire était un bon boxeur, techniquement et physiquement. Seulement, à ce moment de ma carrière, j'étais particulièrement bien affûté par un staff technique d'une efficacité redoutable. Molina nous avait rejoints peu de temps avant le combat et c'est surtout Chavez, mon excellent entraîneur panaméen, qui avait supervisé ma préparation. Ils étaient entourés d'un autre grand entraîneur, Ramon Felix, et d'un des frangins Acariès, en l'occurrence Louis.

J'étais donc prêt et ce cher Afrikaner n'allait pas tarder à en faire les frais. Dès le premier round, je l'ai envoyé au tapis. Courageux, Frans s'est relevé avant de retomber trois ou quatre fois lors des rounds suivants. Au cinquième, le pauvre en avait pris tellement plein la gueule qu'il décida de jeter l'éponge. Compte tenu de ma forme ce soir-là, je crois que c'était une sage décision.

J'étais au début de ma plus belle période en tant que boxeur. Affublé d'une coupe de cheveux à la mords-moi-le-nœud (je m'étais même teint en blond avec une étoile de David dessinée dans la chevelure !), le monde m'appartenait.

Ce qui est fou et qui, je crois, démontre à la fois ma connerie et ma pureté, c'est que je suis totalement incapable de dire combien je touchais durant ces matchs. Tant que la machine tournait, le fric, j'en avais rien à foutre ! L'argent est au bonheur ce que la clé est au voleur ! Une aubaine ! Tant qu'il y en a, il n'est guère dans mon tempérament de me soucier de cette chose inventée par les hommes, tant pour se motiver que pour s'abaisser. Il est facile de ne pas avoir de pensées mesquines lorsqu'on a la chance d'être pété de tunes. Lennon, interrogé sur sa condition de rock-star en pleine gloire des Beatles, disait qu'il est plus facile de composer sur des coussins moelleux que sur un vieux banc en bois, et il avait raison, le bougre !

J'avoue qu'aujourd'hui, avec l'âge et l'expérience de m'être fait rouler par tout un chacun, je suis un brin plus suspicieux, même s'il est trop tard. Mais, à l'époque, je voulais être libre et le fric ne servait qu'à cela.

Lorsque, dans l'Aveyron, j'ai décidé de monter un ring dans une vieille grange avec tout le matos nécessaire à un entraînement rigoureux, je n'ai guère regardé les devis. La tune servait à suivre mes idées ; c'était un simple outil, comme un tournevis pour un électricien. Ma naïveté de l'époque me navre, même si elle m'honore. Comment être libre dans un hôtel de passe, sans aucune certitude quant à son avenir et, plus grave, sans la possibilité de nourrir les siens. Je frime moins aujourd'hui. J'étais aveugle et Dieu, que c'était bon !

En revanche, j'étais habité d'une conscience aiguë de ma condition de sportif et de toute cette discipline qui va avec. Durant cette période, je ne buvais ni ne fumais. La drogue m'était totalement étrangère et je me préparais à chacune de mes rencontres avec un sérieux que j'ai beaucoup de mal à retrouver aujourd'hui.

Certes, je cours tous les jours, je m'entraîne avec régularité, mais je fais cela parce que je sais qu'il le faut. C'est devenu une obligation et ça n'a plus rien de naturel. Une quantité incroyable de pensées merdiques et de prises de tête sont venues polluer le naturel.

Il est facile de regarder le passé avec un œil dubitatif et de tenter de comprendre pourquoi cette période fut la plus prolifique de ma carrière. Il ne s'agit pas d'une démarche intellectuellement compliquée qui tenterait de distinguer le bien du mal, le vrai du faux, blablabli blablabla. Non, j'étais méticuleux, appliqué et entièrement dans mon sport. Les affres de la vie, les désillusions affectives et autres merdes que le sage nomme expérience n'avaient pas encore rongé ma motivation. Telle une voiture sans freins dans une descente de montagne, j'étais lancé. J'aime revivre cette période dans ma tête. Mais étais-je heureux ? Putain de question, docteur Freud !

Toujours est-il que j'enchaînais les matchs avec rigueur. Ma deuxième défense eut lieu le 7 octobre 1989 face à Ramón Cruz à Bordeaux. On le surnommait el Panadero, « le boulanger », parce que c'était son métier dans son pays. Pourtant, à la presse, le type n'arrêtait pas de dire qu'il boxait parce qu'il avait faim, c'est à n'y rien comprendre... Bon, je plaisante, mais pour être honnête, dans la chambre d'hôtel, je ne tenais pas en place. J'avais peur de tout faire foirer.

Effectivement, lorsque Cruz m'a touché sérieusement à l'œil à la troisième reprise, j'ai eu la frousse que cela ne recommence comme la première fois avec Sanabria, lorsque je menais largement et que, sur un seul coup, j'ai tout perdu à cause du sang. En plus, ce gars avait une tête étrange. Jusqu'au dernier moment, nous n'étions pas sûrs que Cruz se pointerait car son encéphalogramme n'avait pas été très bon. On aurait dit un type défoncé à la coke. Il n'arrêtait pas de cracher et de renifler comme un buffle. Ses yeux étaient exorbités, et tous les coups que je lui foutais dans la tronche le laissaient de marbre. Cruz se faisait allumer comme un beau diable, mais ne tombait pas. A partir du moment où j'ai compris qu'il n'allait pas mordre la poussière, j'ai eu peur de faire une boulette et de tout foirer. J'ai tenu bon et les arbitres m'ont donné logiquement vainqueur. J'étais fier de moi car, pour une fois, je ne m'étais pas laissé entraîner à faire une bêtise et j'avais très bien joué le coup tactiquement.

Cruz était-il atteint ce jour-là et l'a-t-on shooté à la coke ou avec autre chose pour qu'il tienne le coup ? Ce n'est qu'au début des années 90 que le contrôle de l'état du cerveau est devenu systématique. Je ne devais pas flipper moi-même et ne surtout pas penser à ce genre de chose. Nous autres boxeurs sommes à la merci constante de ce type d'accidents. Y penser équivaut à ne plus boxer, comme un pilote de formule 1 qui penserait sans arrêt à la possibilité de se foutre en l'air et de quitter la piste.

J'avais boxé rudement face à Cruz et je prenais un peu de repos. Mon deuxième fils, le petit Nathan, âgé de deux ans, avait prononcé une phrase qui faisait les choux gras des journalistes de l'époque : « Mon papa, il est plus fort que Batman ! » J'allais chercher mes mioches à l'école, je paraissais heureux.

Depuis un certain temps déjà, nous squattions dans un village de l'Aveyron, Comps-la-Grand-Ville. C'était un bled très mignon de quelques centaines d'âmes, toutes vouées à ma cause. Les gens étaient très gentils et respectaient ma tranquillité. Pourtant, je ne tenais de nouveau plus en place. Que voulez-vous, un nomade a ça dans le sang et j'ai toujours vécu sur les routes. Rester fixé au même endroit trop longtemps ne convient pas à mon tempérament. J'hésitais entre les Etats-Unis, en l'occurrence Miami, ou Israël. Je finis par me retrouver en Israël pour défendre une nouvelle fois mon titre IBF.

Tout, autour de cette réunion, partait de travers. C'est durant ce séjour que j'ai surpris Pascale et mon pote à poil dans la même piaule sans même faire le rapprochement. J'avais le cerveau dans les pompes, je dormais tout le temps. Impossible de bouger, j'étais crevé comme jamais de ma vie. Je ne sortais même pas pour aller me sustenter et mes repas étaient servis dans la chambre.

Vous allez me prendre pour un parano de première et sans doute aurez-vous raison, mais je me demande avec le recul si quelqu'un ne me droguait pas. J'ai appelé mon père et nous avons changé d'hôtel. C'est à ce moment que j'ai pris ma compagne en flag avec l'autre connard. Avec le changement d'hôtel, comme par hasard, mes forces sont très rapidement revenues. Sans doute est-ce une coïncidence, mais j'avoue avoir de gros doutes.

Le combat en lui-même eut lieu le 10 mars 1990 à l'hôtel Hilton de Tel-Aviv, exactement un an jour pour jour après ma première ceinture face à José Sanabria. Pour faire court et sans vouloir trop rentrer dans les détails, j'étais absent ce soir-là, aussi bien physiquement que moralement. Telle une poupée mécanique, je boxais totalement machinalement, comme si j'étais sorti de mon corps. Peut-être qu'inconsciemment la trahison de Pascale me trottait dans la tête, je ne saurais l'affirmer. Mon adversaire, Welcome Ncita, était largement à ma portée et j'aurais dû le bouffer. J'ai perdu aux points après un combat minable, sans aucune énergie. C'est comme si tout avait été décidé d'avance.

Je me souviens d'un juge pourtant sympa d'ordinaire qui n'osait même pas me regarder dans les yeux. Tout était fini. Fabrice Bénichou avait été le seul Français à remporter trois fois de suite son titre de champion du monde. Je me rendais vraiment compte, et peut-être pour la première fois de manière aussi douloureuse, de ce que j'avais fait, de ce que j'avais perdu.

Pour couronner le tout, les promoteurs, des Sud-Africains, s'étaient barrés avec le pognon et nous nous retrouvions comme des cons à devoir tout régler. Ces salauds s'en étaient mis plein les fouilles. Cette histoire finissait en eau de boudin et laissait les Bénichou sur la paille. Tout était à refaire. Je n'allais pas me démonter si facilement et je remis mes gants pour repartir à la conquête d'un nouveau titre.

XIV

J'ai commencé par battre Cowart à Nice. Le type, un gaillard afro-américain coiffé d'un catogan, était bien plus grand que moi. Qu'importe, plus ils sont grands, plus ils tombent de haut ! C'est d'ailleurs ce qui arriva à ce brave Cowart. Sans être totalement remis de ma très mauvaise expérience israélienne, je revenais un peu sur les rails. C'est alors que les Acariès me proposèrent un énorme coup.

Les deux frangins avaient vraiment été ambitieux. Le même soir, il s'agissait d'organiser trois championnats du monde, dont le mien, le championnat du monde WBA super coq, à Bercy. J'étais très impressionné. Il allait me falloir boxer devant quinze mille personnes.

Je me devais de faire diversion à tant de pression et taper un grand coup pour, malgré ma peur, prendre l'ascendant psychologique sur mon adversaire. J'ai décidé de faire un truc incroyable. Devant les journalistes, je suis allé chercher mon adversaire, un Colombien nommé Mendoza, à l'aéroport, pour lui souhaiter la bienvenue en France. Le type était sur le cul et ne savait que dire. Dans les annales de la boxe, on n'avait jamais vu une chose pareille ! Avec mon perfecto de cuir qui ne me quittait jamais à l'époque, été comme hiver, je me suis planté devant lui et lui ai ouvert mes bras en lui disant : « Bienvenue en France. » Le type, champion du monde WBA en titre, a sorti un sourire coincé. Que faire d'autre ? J'étais vraiment le roi des cons (si, si, j'insiste sur l'imparfait). Les flashes des journalistes crépitaient et certains triomphaient déjà comme moi en apparence, en titrant en caractères gras que j'avais pris « un avantage psychologique » sur mon adversaire.

En fait, Mendoza s'est vengé de manière minable quelques minutes plus tard. Nous faisions une séance de photos sur ma moto et mon futur adversaire se tenait sur la selle juste derrière moi. Avec ses doigts, ce petit con m'a fait des cornes. Le cocufiage ne viendrait qu'après les cornes, une fois n'est pas coutume, lors de la réunion, et ce sont les juges qui s'en chargeront.

Je persiste à croire que je n'aurais pas dû perdre ce combat. Deux des trois juges en ont décidé autrement. Seule la juge américaine m'a désigné vainqueur. Je ne peux toujours pas, même des années plus tard, depuis le Panamá, comprendre vraiment pourquoi le sort s'acharnait sur moi. Depuis, bien entendu, je me suis calmé et je veux bien croire que, dans cette sorte de match nul, l'un ou l'autre aurait pu être déclaré vainqueur. Seulement, manque de bol ou manque d'alliés, j'avais perdu. J'étais anéanti. Ce combat était le mien, je le voulais ! Je m'étais battu comme un lion. Même le journal *L'Equipe*, qui n'a pas toujours été tendre avec moi, parfois avec raison, titrait que j'avais fait le meilleur combat de ma vie.

Des années de privations pour en arriver à ça ! Pas un clope, pas un joint, pas un verre, pas une ligne, ces produits diététiques que je bouffais face au diktat de la forme et de la balance. Des milliers d'heures d'entraînement tandis que les gars de mon âge sortaient et connaissaient les bonheurs de la jeunesse. Moi, mon adolescence et ma jeunesse, je les ai données à mon sport. Etre toujours sérieux à cet âge est un véritable sacrifice. Je sautais à la corde et tapais dans des sacs au lieu de m'amuser. D'un certain côté, j'avais connu de grands moments et, avec le recul, je ne me plains pas, mais à cet instant précis, je n'en pouvais simplement plus !

En entendant mon nom scandé par quinze mille personnes, je pleurai comme un mioche. J'en avais pourtant toujours rêvé. Mon nom hurlé par une foule. C'était le but de mes rêves, de ma vie tout entière. Je voulais avant tout être célèbre, aimé et pourtant... J'avais touché le fond et il me semblait impossible de trouver l'impulsion nécessaire à un retour en surface. La vie est un truc bizarre. On passe son temps à se l'imaginer. C'est con dans un sens. Je vivais l'enfer à force de chercher le paradis.

Les journalistes et les caméras mataient mon agonie. Tous les yeux étaient braqués sur moi et disséquaient ma détresse. Plus que des larmes, c'est un peu de mon âme qui coulait le long de mes joues. J'ai la vague impression parfois que c'est à ce moment qu'eut lieu la première fuite d'âme, les prémices d'une dépression qui ne me chopera vraiment que quelques années plus tard.

Il était temps pour moi de raccrocher les gants. J'en étais persuadé. Je ne pouvais pas continuer ce non-sens qu'était devenue mon existence. Je me sentais con, si con... A vingt-cinq ans à peine, il me semblait que ma vie était finie, celle de boxeur tout au moins. Je pensais à mes enfants et je ne voulais pas que leur père s'étale telle une merde et s'autodétruise comme une météorite qui pénètre dans l'atmosphère.

J'étais si mal, si mal, que j'aurais voulu me fondre dans la masse, devenir invisible. Mon désarroi était tel que j'ai même dit à un journaliste que je préférerais vivre en soulevant des caisses à Rungis que de continuer comme cela. Le pire, c'est que j'étais sérieux, au moins sur le moment. Aujourd'hui, je souris devant l'énorme connerie de cette phrase. Je suis obligé de présenter mes excuses à ceux qui n'ont guère le choix pour survivre et nourrir les leurs que de faire des boulots épouvantables qui annihilent leur être. Si je rate mon retour au Panamá, nul doute que, cette fois-ci, je serai bien contraint de devenir l'un d'entre eux.

Ce soir-là, j'ai haï la boxe, non pas le sport en lui-même, mais ce milieu pourri qui me volait mes dernières illusions. L'enfant gâté par le destin s'était fait voler son jouet. Son cri peut paraître dérisoire, mais je vous jure qu'il était d'une sincérité totale. L'énergie dégagée pour un tel événement et un tel combat est infernale et il est aisé de perdre totalement les pédales. Il me fallut plusieurs semaines pour toucher le sol et réfléchir plus sereinement sur ma condition et les suites à donner à ma carrière et à ma vie.

Un nouveau départ devint envisageable, mais à condition d'une prise de conscience douloureuse. Qui suis-je, moi qui ne sais que boxer et faire le contorsionniste ? Il me fallait redémarrer, mais à quel prix ?

Pourtant, à partir de ce moment-là, j'ai aligné six victoires d'affilée dont deux championnats d'Europe. Il m'a fallu quatre mois pour remonter sur un ring après Bercy, et les choses commençaient mal. Ce type, Baez, champion de l'Illinois, fuyait et je faisais plus d'efforts à courir après mon bonhomme qu'à mettre des coups. Mon style tout en puissance était assez mal adapté à ce genre de danseuse. Il m'a fallu sept rounds pour le rattraper et lui mettre une correction. Il s'agissait plus d'une partie de cache-cache que d'un combat de boxe. Enfin, un bon footing pour se remettre en jambe en quelque sorte...

Le suivant, Darryl Jones, m'attendait à Deauville. Dès le premier round, mon crochet du gauche au menton l'a mis au tapis. Je n'étais pourtant pas particulièrement excité. Il faut croire que mon adversaire a dû sentir dans sa chair le contraire.

Devant mon retour tonitruant, les promoteurs m'avaient promis un nouveau championnat du monde WBC à Monte-Carlo, face au tenant mexicain, Marcos Villasana, le tout devant le prince Régnier. J'allais enfin effacer Bercy. Un de ces engagements qui me feraient oublier mon manque de vie, de rêve, et me donneraient une raison de m'abandonner à un but, toujours le même...

Avec mon bol habituel, le combat fut annulé pour une raison qui m'échappe toujours. Au lieu de me battre pour un championnat du monde, je me retrouvais certes à

Monaco, mais dans un combat secondaire d'une soirée organisée au stade Louis-II. Je n'ai même pas vu Régnier. J'ignore s'il était là mais avouons-le, mon esprit était ailleurs.

Le combat fut minable, je fus minable et pourtant... j'ai gagné. Exactement l'inverse de mon combat de Bercy ! Je ne peux m'empêcher à l'évocation de ce souvenir de me foutre de ma propre gueule.

Il fallait continuer, croire, voire faire semblant. Pas de championnat du monde ? Qu'à cela ne tienne, j'allais maintenant redevenir champion d'Europe...

Le combat eut lieu le 25 mai 1991 face à John Davison à Brest. Ce fut un duel terrible. Pour être parfaitement honnête, j'ai eu beaucoup de chance ce soir-là de boxer en France. Je ne suis pas sûr que j'aurais gagné en Angleterre.

Davison méritait autant que moi, si ce n'est plus, la victoire. Mais c'est moi qui fus désigné vainqueur. Encore une anomalie de ce sport dont les juges et les promoteurs sont les véritables maîtres, bien plus que les sportifs eux-mêmes. Cela dit, pour une fois que j'en étais le bénéficiaire, je ne vais pas trop me plaindre, même si je m'interroge toujours sur les tenants et les aboutissants de décisions semblables.

Toujours est-il que les instances de l'European Boxing Union réunies à Monaco ont décidé qu'il s'agissait là de la plus belle confrontation en championnat d'Europe toutes catégories confondues cette année-là. Fabrice Bénichou était de nouveau pris très au sérieux.

Pourtant, aucun championnat du monde à l'horizon, il me fallait défendre mon titre et ce fut à Antibes-Juan-les-Pins face à l'Italien Salvatore Bottiglieri. Nous étions en plein mois d'août et ce fut le pied. Je m'entraînais dans un hôtel cinq étoiles devant un public bon enfant. Le ring d'entraînement était installé au bord de la piscine.

Des jeunes femmes ravissantes se faisaient bronzer en exposant leurs formes généreuses. Parmi elles deux magnifiques Italiennes, une brune et une blonde. Je me souviens que l'une d'elles s'appelait Carlotta. Leur mère était pétée de tunes. C'était une antiquaire de Florence et elle se baladait avec ses filles en Porsche décapotable. Les deux étaient des femmes de footballeurs pros de la Fiorantina, me semble-t-il. Les filles me regardaient avec des yeux humides et, la veille du combat, j'ai vécu une expérience sexuelle pour le moins délicieuse dans la chambre d'hôtel. L'une a commencé par se déshabiller devant mes yeux, tandis que l'autre se glissait à mon insu dans mon lit. J'ai chopé l'une devant les yeux de l'autre. Malheureusement, je crois que je n'ai pas assez assuré et je suis passé à côté d'un plan cul comme il en arrive rarement dans la vie d'un homme. Aujourd'hui, si elles me lisent... Je plaisante, Laurence, je plaisante !

Toujours est-il que j'ai reçu des nouvelles des deux magnifiques sœurs quelques mois plus tard, tandis que je m'entraînais avec l'acteur Mickey Rourke à Miami. La presse a été ignoble avec lui, car Mickey ne se démerdait pas si mal que ça. Bien sûr, ce n'était pas un grand boxeur, mais le gars avait quand même de sacrées couilles. Des prétendus pros que j'avais rencontrés boxaient plutôt moins bien que lui. C'était un beau mec adulé par plein de filles en transe rien qu'à sa vue. Il aurait pu se complaire dans son rôle de play-boy comme le font tant d'autres. Mais il était vraiment passionné par la boxe. C'était un élève très appliqué et un mec plutôt sympa. Passer du rôle d'acteur à celui de boxeur était loin d'être évident. L'inverse semble beaucoup plus logique, et surtout plus facile.

Pour en revenir aux deux frangines, Carlotta m'a donc téléphoné à Miami en me retrouvant je ne sais trop comment, probablement par la presse. Je lui ai dit un truc du genre : « Je suis avec Mickey Rourke à Miami, passe avec ta sœur si le cœur t'en dit... » Carlotta et sa sœur étant le genre de nanas dont le cœur est toujours partant pour rencontrer des célébrités et plus si affinités, elles ne tardèrent guère à réserver leurs billets pour la Floride. A la dernière minute, je les ai appelées pour leur dire que je devais retourner en France. C'était un lapin terrible ! Elles avaient leurs billets pour que dalle. Je n'ai plus jamais eu de nouvelles.

Enfin... la veille du combat face à Bottiglieri, je baisais une Italienne et, le lendemain, le 9 août 91, je niquais un Italien.

Bottiglieri est arrivé sur le ring avec un beau brushing, dans le genre Rital qui se la tape. Ce gars était persuadé de me mettre une raclée. Il s'est fait taper dessus, le pauvre, et pas qu'un peu. Au huitième round, je lui ai mis une peignée qu'il n'est pas près d'oublier. Son brushing en était tout chamboulé. Pour la première fois depuis Bercy, Fabrice Bénichou se sentait bien dans ses gants. Champion d'Europe une fois de plus, je rêvais d'un nouveau championnat du monde, telle une litanie païenne : « Qu'est-ce qui fait courir Fabrice ? »

Il me fallait un autre titre mondial. Je boxais pour cela et ne me sentais bien à ma place qu'avec une ceinture d'or. Pourtant, encore une fois, ce n'était pas un championnat du monde qui m'attendait, mais un autre championnat d'Europe face à un Italien, Limatola. Moi qui n'ai jamais été passionné par la tune, ce qui m'a souvent joué des sales tours d'ailleurs, j'ai pas mal assuré sur ce coup-là. Je suis allé voir Hervé Bourges, le président d'Antenne 2 à l'époque, et j'ai réussi à le convaincre d'acheter le combat dans les arènes de Nîmes. C'est la seule fois où je me suis vraiment investi dans le marketing d'un match. J'aurais dû le faire plus souvent !

Les téléspectateurs devaient en avoir pour leur argent. Mon adversaire était un bon boxeur, un triple champion d'Italie, plus technique et moins physique que Bottiglieri. Toute sa stratégie était basée sur un combat de loin. Son but était de me faire me découvrir. J'ai mis dix rounds à lui mettre le poing dessus. Grâce à une bonne droite, Limatola s'est retrouvé dans les cordes. Je lui ai alors sauté dessus pour le corriger. Le pauvre a beaucoup souffert et l'arbitre a dû arrêter le combat. J'avais de nouveau la rage, du moins je faisais semblant de le croire.

Les promoteurs ont dû adhérer également, puisque je me préparais enfin à disputer de nouveau un championnat du monde. Tout était prévu. Je serais opposé à Paul Hodkinson, un petit boxeur râblé et terriblement efficace. Pour la troisième fois, il défendrait son titre WBC.

J'allais me préparer comme jamais.

En plus de la kiné, de mes entraîneurs, j'avais pris des sparring-partners choisis en fonction du style et des caractéristiques physiques d'Hodkinson. Cette fois-ci, il était hors de question de laisser filer ma chance.

Mais, treize jours avant le combat (ça ne s'invente pas), Hodkinson fut forfait et le combat dut être repoussé. Les promoteurs tentaient de me rassurer comme ils pouvaient. J'allais bien faire un championnat du monde, non pas pour me faire plaisir ni pour ma belle gueule, mais parce que tout était déjà prêt et les fonds engagés pour la rencontre. Il fallait me dénicher un adversaire au plus vite, sous peine de perdre un sacré paquet de fric. Ils trouvèrent bien un autre boxeur champion du monde, mais d'une autre fédération, l'IBF en l'occurrence.

J'étais censé être heureux, mais il y avait un gros problème. Médina n'était pas, mais alors pas du tout Hodkinson. Ce gars mesurait bien quinze centimètres de plus que l'autre. C'était une anguille. Sa boxe était aérienne, sournoise, vicieuse. Moi, comme un gros con, je m'étais entraîné avec des nains et je me chopais une perche.

Le combat fut extrêmement délicat. Médina mesurait un mètre soixante-dix-huit contre un mètre soixante et un pour votre serviteur. Pour l'avoir, il m'eût fallu être beaucoup plus précis. Je fus beaucoup trop brouillon. Une seule fois, avec ma rage et ma ténacité, j'ai réussi à lui faire mettre un genou à terre, mais sans pouvoir l'achever. Un juge sur trois m'a donné vainqueur, mais, cette fois-ci, il ne faisait aucun doute que je ne l'étais pas. Encore un coup dans l'eau...

Je suis alors reparti à Miami pour m'entraîner et regonfler une volonté qui étrangement n'avait pas vraiment souffert de ma défaite. Là-bas, j'ai de nouveau succombé à la folie des tatouages. Après avoir, deux ans plus tôt, fait graver sur mon bras gauche une tête de mort dont l'œil pleure avec inscrit au-dessus : « Born bad » (né méchant), je me suis fait tatouer sur le droit une mano negra, avec une autre tête de mort à l'intérieur. Pourquoi toutes ces têtes de mort ? me demandaient des journalistes curieux... C'est toujours mieux que des têtes de con, non ?

Enfin, chacun son délire... Mes tatouages ont une signification philosophique particulière pour moi. Il s'agit d'une représentation symbolique de l'ardeur au combat, tels les guerriers écossais des temps passés. Ce ne sont ni des dessins ni de vulgaires décorations.

Pour en revenir à cette époque, il me fallait retourner à la boxe et accorder sa revanche à Davison pour le championnat d'Europe des plumes. Ce fut un combat rude remporté aux points, face à un adversaire de valeur que j'estimais réellement. La preuve, après la rencontre, nous avons été boire le coup et nous avons parlé de tout sauf de boxe. Mes progrès techniques m'ont été d'un grand secours et je n'avais pas bossé pour rien.

Car, après cette belle victoire, j'ai enfin eu droit à mon duel WBC face à Hodkinson. Je savais que, en cas de victoire, je serais le premier boxeur français à être champion du monde dans deux fédérations différentes. Christophe Tiozzo allait tenter la même chose quelques jours plus tard. Les journalistes n'arrêtaient pas de nous comparer. Pourtant nos deux boxes, comme nos deux tempéraments, étaient aux antipodes. Sans animosité, nous n'avons jamais eu de véritables affinités, même si j'ai toujours plaisir à le croiser. Ce sont des choses qui arrivent...

Je me sentais prêt et ma préparation avait été excellente. C'est à cette époque que j'ai rencontré ma kiné Laurence. Cette dernière s'occupait extrêmement bien de moi et de tous les points de vue, si vous voyez ce que je veux dire. Une bonne équipe est très importante pour un sportif, non ? Durant ces années, j'ai vraiment bossé. Je m'appliquais à progresser à tout prix, à la recherche de l'excellence. Mais la boxe n'est pas une science exacte et les aléas d'un combat sont impossibles à programmer d'avance.

Le combat était diffusé en prime time. J'étais bien en jambes, je tenais mon affaire. Au dixième round, ma lèvre s'est ouverte et le sang a commencé à pisser. Même sur les images, impossible de savoir exactement ce qui s'est passé. J'avoue avoir du mal à croire qu'un coup à travers un gant ait pu fendre ma lèvre de la sorte. Un coup de boule ? Je n'en ai pas la preuve et je ne l'ai pas vu. Le doute doit toujours profiter à l'accusé, admettons que je n'ai pas eu de bol...

Pour vaguement me consoler, la WBC a déclaré cette lutte dantesque : « combat de l'année ». Mais ce n'est pas grand-chose comparé à la perte. Plus jamais il ne me sera donné la chance d'être champion du monde jusqu'à aujourd'hui.

C'est pour cela que je me retrouve comme un con, à un âge bien avancé pour un sportif, à tenter de devenir le premier champion français d'Amérique du Sud... Comme un bull-terrier, je ne suis pas du genre à lâcher ma proie lorsque je mords. Je suis du genre têtu et hargneux.

XV

En parlant de chiens, il y en a un qui a énormément marqué ma vie à partir de cette époque et je ne peux m'empêcher de vous en toucher un mot. J'ai toujours été entouré de cabots. Je les adore, tout simplement. Après le décès de Beth Tania ramenée du Panamá, je suis resté avec son fils d'Artagnan. On avait trouvé un autre airedale pour monter Tania. Sur la portée de trois chiots, l'un fut donné à Molina qui en est tombé amoureux, un autre a été placé et j'ai gardé le troisième. Malheureusement, après une opération bénigne à l'oreille, je l'ai retrouvé mort dans la cuisine, victime d'une crise cardiaque. Le pauvre animal n'avait pas supporté l'anesthésie.

Je sais que cela peut paraître débile à certains de la part d'un boxeur qui est par définition censé être un dur, mais j'étais dévasté. J'ai chialé comme un gosse inconsolable.

Il me fallait un autre chien, car j'ai le plus grand mal à vivre sans eux. C'est à Antibes, à l'époque des deux Italiennes, que j'ai péché la perle rare. Mon attaché de presse, Franck Bour, aujourd'hui décédé, m'a déniché un élevage de bull-terriers, ma race préférée. Les bulls sont tout simplement différents de tous les autres clébards.

Je suis allé chercher mon nouveau chien. C'était un chiot superbe avec un pedigree officiellement nommé Gladiatoren Explorer. Lorsque je l'ai vu marcher, il m'a immédiatement fait penser à l'acteur Aldo Maccione. Je l'ai donc naturellement appelé Aldo. Il fallait voir sa dégaine... Ce clebs était tout bonnement impayable.

Dès le départ, il commença à se faire remarquer d'une bien étrange façon. Tout content de mon nouveau compagnon, je l'ai amené avec moi au restau. Evidemment, les chiens y étaient interdits mais, à l'époque, il était difficile de me refuser quelque chose. C'est un des avantages du vedettariat. Le pauvre, probablement traumatisé d'avoir quitté son élevage, a déféqué en plein milieu du restau. Je me suis excusé auprès des restaurateurs, qui tentaient de garder bonne figure face à une célébrité. Aujourd'hui, il est plus que probable que je me ferais virer comme un malpropre.

Les gens sont très gentils lorsqu'on est connu, mais lorsqu'on n'est rien, leur véritable nature s'expose comme un travelo qui montre ses formes au bois. A l'époque, je n'en avais pas conscience comme aujourd'hui. L'expérience est enrichissante exactement *a contrario* du porte-monnaie. Cela fait partie des affres de la vie.

C'est comme avec les femmes... La réussite facilite considérablement les rencontres. Bon, d'accord, il n'est pas politiquement correct de dire cela, mais que voulez-vous, c'est la stricte vérité. Bien sûr, toutes les femmes sont loin d'agir et de penser de la sorte. Elles sont même une extrême minorité. Mais c'est une minorité bien active, si vous voyez ce que je veux dire.

Après l'épisode de l'hôtel israélien, durant lequel j'ai surpris ma femme en compagnie d'un ami « fidèle », je me suis laissé aller à plus de fantaisies. Ma kiné Laurence était très gentille, mais elle ne fut pas la seule.

Une des anecdotes les plus marrantes à propos de ces femmes de rencontre eut lieu à Paris. J'ai fait la connaissance de la miss quelque temps plus tôt à Nîmes. La fille était superbe et le savait. Ces nanas-là sont différentes des autres. Leur pouvoir d'attraction les a déconnectées de la réalité. D'une certaine manière, grâce à leur beauté, ce sont des vedettes tout comme nous. Elles ont pris l'habitude d'être le centre d'attention de tous les mâles. Du coup, leur ego s'en trouve détraqué tout comme le nôtre. Leur regard sur leur propre personne est travesti par celui des autres.

Dans ce bar de la Mutualité, j'ai failli à mon sérieux de sportif. J'avais bu deux bières, autant dire à l'époque que j'étais torché. Du coup, je suis parti pisser en titubant. A mon retour, un pompier draguait ma belle, tandis que la jeune femme minaudait. Le pompier m'a vu débarquer et a dû avoir la trouille d'une éventuelle baston. Au lieu de cela, je me suis écroulé, bourré comme un pochetron, et le gars sympa m'a ramené sur ses épaules.

Quelque temps plus tard, je me suis retrouvé à Nîmes et me suis empressé de sonner à la porte de la fille. Elle n'a pas ouvert. Je me suis assis devant sa porte pour l'attendre et me suis assoupi. Peut-être vingt minutes plus tard, c'est un homme qui a ouvert la porte, et devinez lequel ?

Je me trouvais nez à nez avec mon pompon. Ce coup-ci, le bougre flippait carrément. Le pauvre gars avait une peur bleue d'en prendre plein la gueule. Au lieu de cela, je l'ai pris par l'épaule et lui ai demandé pourquoi il ne m'avait pas ouvert. Cette fille n'était pas ma femme. En revanche, je n'ai pu m'empêcher de lui poser la question fatidique : « As-tu mis une capote ? »

Ce con m'a dit que non. J'ai dû avouer alors que cette chienne m'avait refilé une chaude-pisse et que j'avais été angoissé comme un malade à propos du sida, me cognant la tête contre les murs et jurant en mon for intérieur qu'on ne m'y prendrait plus. Le pauvre pompier était blême. J'avais quant à moi fait toute une batterie de tests, avec chaque fois la trouille au ventre. Dieu merci, le sida n'était pas passé par moi. J'imagine que la chaude-pisse, en revanche, n'a pas épargné mon sapeur-pompier.

Pascale n'était pas jalouse (c'eût été un comble, remarque), pourtant je n'ai pas suffisamment profité sexuellement de ma notoriété. C'est con à dire, mais un sportif passe le plus clair de son temps à s'entraîner. Nous ne sommes pas des stars du rock. Même si je me suis mis à la batterie, je ne suis pas Keith Moon ni John Bonham. Le moindre petit excès se retrouve dans les jambes puissance dix le lendemain.

D'une certaine manière, je faisais bien partie des « people » et je les fréquentais mais, tandis qu'ils se descendaient un petit cocktail ou du champagne, moi je restais au jus de fruits. Ces gens-là sont tout comme nous et c'est cela qui surprend le plus lorsqu'on pénètre dans ce monde.

J'avais comme copain un grand acteur extrêmement célèbre, alors au top de sa notoriété. Je tairai son nom par sympathie. Bref, il m'arrivait souvent d'aller dans son penthouse de Montmartre, boire un de mes fameux jus de fruits, tandis qu'il se roulait des joints en discutant de la pluie et du beau temps. Un jour, il m'a ouvert en slip kangourou. D'un certain point de vue, c'était cool de sa part, car il prouvait de la sorte qu'il n'était pas prisonnier de son mythe de lover, mais tout de même... Son mythe justement en prenait un sacré coup. Même si je m'intéresse à la mode masculine presque autant que du temps qu'il pouvait bien faire à Gif-sur-Yvette le 18 janvier 1424, on ne peut pas vraiment dire que le slip kangourou mette en valeur le corps des hommes.

Il faut bien comprendre que, à l'époque, je ne fumais même pas de clopes. Ce n'est qu'après ma défaite au championnat d'Europe dont j'ai déjà parlé que j'ai commencé à dériver lentement. Lorsqu'on passe des années à être sage et à éviter tout excès, quand ça lâche, ça lâche ! Après tout, n'avais-je pas arrêté définitivement la boxe ? De toute façon, depuis un certain temps déjà, je gagnais tous mes combats sauf les plus importants. Ceux-là, je les perdais tous. J'ai même réussi à échouer pour un championnat de France.

Que restait-il de Fabrice Bénichou ? J'avais perdu la foi, c'est aussi simple que cela. J'avais l'impression de faire de la varappe sur une falaise en plein effritement. Où que je pose les mains, il fallait que ça se détache. Dans ces conditions-là, la chute apparaît vite inévitable. Je me suis cassé la gueule en beauté. J'allais connaître l'abîme.

Mes potes bikers ont commencé par me faire goûter la coke. Oh, ils ne m'ont guère contraint, rassurez-vous ! J'ai plongé, lentement, sans en prendre systématiquement et avec un sérieux certes tout relatif. J'ai commencé à la même époque à tâter du Jack Daniel's et il fut même un temps où la bouteille de whisky était mon biberon (même si c'est plus tard que j'ai eu des problèmes cette fois-ci sérieux avec l'alcool).

Quant au shit, là ce fut beaucoup, mais alors beaucoup plus rapide. Contrairement à de nombreuses connaissances, j'ai commencé par le joint et non le clope. C'est le hachisch qui m'a rendu accro à la nicotine. J'avais vaguement tiré deux, trois lattes avec ma kiné Laurence, mais mon sérieux avant l'arrêt de la boxe en 98 ne m'avait jamais fait franchir le cap.

Je me marre quand j'entends dire que ce truc est inoffensif. Bien sûr que c'est une connerie. Il faut l'assumer, c'est tout. Quand on aime la défonce, je comprends mal l'intérêt de cacher sa consommation derrière une pseudo-philosophie spirituelle. Le fumeur ne fait chier personne, mais il ne devient certainement pas un sage pour autant. Ça, seul le temps peut y parvenir. Cela dit, le temps est le pire truc, on en meurt tous !

C'est maintenant au Panamá, après toutes ces années d'errance, que je me rends véritablement compte du terrible gâchis que furent ces années-là. A l'époque, je subissais en prétendant jouir et je ne tarderais guère à ne plus prétendre jouir du tout !

La descente fut lente et profonde. Mais je ne faisais pas que des conneries. C'est ainsi que je devins conseiller technique pour France 2. Auprès de Pierre Fulla, je commentais les combats organisés par Roger Ferrer. Aussi étonnant que cela puisse paraître, j'aimais plutôt ça.

Hervé Bourges, le patron de la chaîne, était très ouvert à la boxe et j'avais en tête de promouvoir mon sport et de le faire connaître à l'échelon national. La France regorge de très bons boxeurs à qui on ne laisse pas leurs chances. De plus, cette activité mettait du beurre dans les épinards, à défaut de coke dans les narines (je plaisante)... L'arrivée de Charles Biétry, tout droit sorti de Canal, a signifié pour moi la fin de cette activité. Nous ne nous entendions absolument sur rien. Je me suis barré plein d'amertume.

Aujourd'hui, il n'y a presque plus de combats de boxe d'importance organisés dans l'Hexagone. Certains disent que c'est la disparition de la génération Tiozzo/Bénichou qui a fait que les Français s'en sont détournés, mais rien n'est plus faux !

Les Français aiment et aimeront toujours la boxe. Ce sont simplement les promoteurs mondiaux qui, après avoir bien tondu le mouton, se sont barrés avec la laine et... la viande. Du coup, difficile de sortir et de se mettre quelque chose sous la dent sans choper froid ni crever la dalle. Ce sont les jeunes boxeurs de demain qui souffrent de cela. Comment percer quand il n'y a pas de combats organisés ? Tout le monde n'a pas la chance d'avoir un père fakir qui parcourt la planète.

A cette époque, je rêvais de cinéma, mais je fus victime des fausses promesses et, il faut bien l'admettre, de la façon calamiteuse dont je gérais la chose. J'aimerais pouvoir parler d'insouciance, mais c'était tout simplement de la connerie. Du coup, à part de la figuration et deux ou trois petits rôles, il n'y eut rien de bien concret.

On me faisait jouer le gangster, la brute, le tueur. Remarque, je ne leur en veux pas, avec ma gueule, mon physique et mes origines corses, j'aurais probablement été moins crédible dans le rôle d'une danseuse du Bolchoï. Je sais pourtant danser, ma mère était une pro et m'a donné des cours, mais enfin bon... J'aurais eu le plus grand mal à trouver un tutu à ma taille.

Pour être sérieux, disons que je ne l'étais pas. Malgré cela, des types du conseil général des Hauts-de-Seine ont eu l'idée de m'embaucher comme chargé de mission.

C'est un bon truc devant la belle-famille, ça, chargé de mission…

— Bonjour, jeune homme, que faites-vous dans la vie ?
— Je suis chargé de mission auprès du conseil général des Hauts-de-Seine.

Mais la mission se réduisait à rien. Une fois de plus, je ne blâme personne. J'ai été nourri pendant deux ans par les gars du conseil général et je les en remercie vivement. Ce n'était pas tant leur faute, que le simple fait que j'étais impossible à caser. Dans l'ensemble, ces types étaient compétents, appliqués, et ils cherchaient sincèrement à profiter de mes connaissances de compétiteur et à m'aider. Mais il me fallait passer le concours de fonctionnaire pour persévérer dans cette voie et, après de bien sommaires révisions, j'ai abandonné pour autre chose de tout aussi constructif : rien ! Quitte à se faire chier comme un con, autant le faire chez soi !

Je plaisante. La réalité était beaucoup plus simple et douloureuse que cela. J'étais mal. Sans y prendre garde, l'inaction m'encroûtait dangereusement. Pour un type qui a passé toute sa vie à courir, il n'y a rien de plus dangereux que de s'arrêter. L'hyperactivité permet de fuir cette bête qui sommeille chez beaucoup de gens tels que moi : la dépression.

Je suis allé voir des psys de toutes les formes et de toutes les couleurs. Tous étaient d'accord sur une chose quelle que soit leur paroisse – lacanienne, freudienne, casimirienne (des monstres gentils), babarienne (un éléphant, ça trompe énormément) ou peaudezobienne : ils pouvaient m'aider !

Chouette ! C'est pour ça que j'étais là, ça tombait bien ! Ils m'ont bien aidé effectivement… J'ai dû quitter mon canapé et mon poste de télé pour perdre du temps ailleurs. Un voyage vers un autre néant, c'est déjà un sacré progrès !

XVI

La véritable dépression, celle qui tue, celle qui bouffe tout, m'a pris par la suite, en 2002. Je me sentais radicalement inutile, à moi autant qu'aux miens. Ma femme, ma Laurence, était enceinte. J'espérais que cette naissance me ferait revivre, mais tout au contraire, mon sentiment de totale inutilité n'a fait que se renforcer.

Qu'est-ce qu'un homme qui ne peut même pas subvenir aux besoins de sa famille ? A quoi sert-il ? Je ne pouvais plus supporter ma gueule, mon air, ma voix, moi, quoi ! Plus je me maudissais d'être incapable de faire quoi que ce soit, moins je pouvais en faire. Mon être tout entier était comme cimenté. Le moindre geste me coûtait des efforts invraisemblables. Je ne pouvais plus rien foutre car je n'étais plus rien. Il y avait toujours cette putain de télévision, tout comme aujourd'hui au Panamá. Dois-je la bénir ou la maudire ? Je ne saurais répondre. Disons que cela dépend de quel côté on se place. J'étais comme un aimant fixé à mon canapé par une énergie qui ne dépendait plus de moi.

Du coup, me remémorer mon passé dans ces conditions-là était terrible. Plus je pensais à ce Fabrice, cet étranger, trois fois champion du monde de boxe, plus je me maudissais d'être mort en moi.

J'ai conscience que la chose est incompréhensible pour ceux qui ne l'ont pas vécue, mais je dépérissais dans l'impuissance. Pour un gars qui a passé toute sa vie à s'entraîner comme un malade, le simple fait de me lever pour aller aux chiottes semblait une véritable expédition, une torture infâme. Chaque geste m'aurait arraché des cris de douleur si j'avais eu la force de crier. Je n'exagère pas !

Ceux qui ont connu les affres de la dépression sauront tout de suite de quoi je parle. Quant aux autres, je prie pour que cela ne leur arrive jamais. Car la chose est horrible et te bouffe tout entier.

Laurence bossait dans un bar de la capitale géré par son frère et le sieur Fabrice restait comme un gros con à la maison, dans ce moulin de Seine-et-Marne. Aussitôt Lolo partie vers dix-sept heures, je me défonçais la gueule pour ne plus penser. Le whisky coulait dans ma gorge et m'assommait petit à petit, pas assez mais trop à la fois. Je ne voulais plus être capable de penser, car penser c'est souffrir, dans cet état-là. Le mot souffrir est d'ailleurs inadéquat. J'ai souvent souffert sur le ring. Souffert dans ma chair, jusqu'à perdre connaissance. Mais la douleur terrible de la dépression est bien pire. Il n'y a plus de refuge en soi, lorsqu'il n'y a plus de soi, ou, pire, lorsqu'il vous bouffe. Je devenais barge, sans être fou, sans pouvoir fuir cette réalité obsédante.

Je crois que j'ai cessé de croire en quoi que ce soit à cette époque-là. Je n'étais plus rien moi-même, alors comment croire à quelque chose ?

Ma Laurence rentrait vers trois heures du mat après une soirée passée à bosser comme une malade. Enceinte, elle retrouvait son homme, ou du moins ce qu'il en restait, vautré par terre dans son vomi, comme une grosse merde. Cette chose, cette loque défoncée sur la moquette, c'était moi.

Plusieurs fois elle a pété les plombs et je la comprends bien. Elle se jetait sur moi, en pleine crise de nerfs. Ma femme m'a même cassé la gueule. Eh oui, Fabrice Bénichou, le champion du monde de boxe, s'est fait défoncer la tronche par une fille, et pas qu'une fois encore – K-O technique avant même la première reprise.

Décidément, je n'étais plus bon à rien. Sans être un macho débile, je suis tout de même un homme et j'ai ma fierté. C'était ma femme enceinte qui me faisait vivre. J'étais sali, détruit, au bord d'un gouffre qui m'attirait terriblement.

Pour tout arranger, mon ex, la Pascale, volait de procès en procès et je ne pouvais pas voir mes mômes. J'avais mis de l'argent de côté pour eux lorsque ma besace était pleine mais, fauché comme les blés, je me retrouvais acculé et totalement impuissant. Dieu merci, ma conseillère juridique, une femme remarquable, cette chère Liliane, veillait sur moi.

Sa fidélité envers moi est simplement incroyable. Un jour, par exemple, tandis que, dans ma voiture, nous nous rendions à un procès, la caisse est tombée en panne. Je me suis retrouvé avec cette femme dans la galère toute la nuit et elle n'a pas râlé une seule fois. Au contraire, nous nous sommes bien fendu la gueule. Elle m'aidait gratuitement.

Aujourd'hui, Liliane n'est plus avocate et s'adonne à une autre passion. Cependant elle continue, envers et contre tout, à défendre le petit Bénichou. C'est l'occasion ou jamais de lui exprimer ma profonde gratitude.

A l'époque, je ne me rendais pas compte de ma chance. Je baignais dans le malheur et j'avais de la merde dans les yeux et le cerveau, même si cette merde n'a jamais pu recouvrir mon cœur (pour être parfaitement honnête, je l'aurais souhaité, histoire de ne plus rien éprouver).

Un jour, Laurence m'a découvert totalement bourré en pleine crise d'angoisse. Je me suis enfui dans les champs autour du moulin. Fabrice Bénichou était devenu une bête traquée, les yeux exorbités. Les flics m'ont retrouvé et amené au commissariat. J'ai été conduit à l'hôpital de Meaux. Ce fut l'enfer...

Difficile de ne pas penser au fameux film *Vol au-dessus d'un nid de coucou* dans de semblables circonstances. J'étais entouré de gens dont la souffrance avait dévoré jusqu'à la dernière miette de raison. Quelle horreur ! On met dans ces endroits des gens dont on ne peut plus rien faire d'autre. Devant le psychiatre, je me suis expliqué calmement. Je n'étais pas fou, mais dépressif. Le type m'a cru, heureusement pour moi. J'ai appelé Laurence et, au bout de deux jours, je suis rentré à la maison. Rien n'avait changé dans mon vide, dans mon rien.

J'avais honte et cette honte alimentait plus encore ma pathologie. Je ne pouvais rien faire. A moins que...

Mort à l'intérieur, pourquoi ne pas l'être tout court ? L'idée d'en finir devenait comme un point presque lumineux au bout d'un tunnel noir. Cette obsession sournoise de disparaître tournait autour de ma tête tel un moustique géant suceur de sang de film d'horreur de série B. Je ne pouvais plus être un poids pour les autres. J'étais incapable de m'en sortir autrement et mon jugement était oblitéré par une souffrance indicible. Lorsqu'il n'y a plus d'espoir et que toute fuite est impossible, il ne reste même pas l'instinct de survie.

J'avais déjà fait une tentative de suicide plus ou moins gauche quelques années plus tôt avant mon championnat d'Europe face à Stecca, quand les engueulades avec Pascale étaient devenues totalement insupportables. Il s'agissait plus d'un ras-le-bol que d'une envie de mourir. Je n'étais pas en dépression, mais exaspéré.

Sur un coup de tête, j'avais vaguement ouvert mes veines dans la baignoire, mais sans le faire suffisamment pour avoir autre chose qu'un gros bobo. Heureusement parce que, avec le recul, ce n'était vraiment pas une raison de mourir. J'imagine que la pression du match et l'atmosphère de guerre civile qui régnait à cette époque dans le clan Bénichou sont à l'origine de ce geste grotesque.

En revanche, avec la dépression, la chose devenait beaucoup plus sérieuse. Ce n'était ni un appel au secours, ni un geste lâche, mais presque logique dans mon délire de perdition. La moindre étincelle pouvait mettre le feu aux poudres. J'étais une Cocotte-Minute sans soupape, prêt à éclater à n'importe quel moment. Je savais pertinemment que ce n'était pas aux autres que je m'en prendrais, mais à moi ! Ce que je fis d'ailleurs quelque temps plus tard.

Je venais de m'engueuler terriblement avec Laurence. La pauvre subissait la présence d'une épave et luttait seule pour tenir le radeau hors de l'eau. J'étais un poids qui entraînait l'embarcation vers le fond. Parfois, elle n'en pouvait plus de lutter, même si son courage et sa bonté furent dignes de la plus belle médaille de l'amour. Ce jour-là, elle m'a dit mes quatre vérités et je me suis senti la plus énorme merde de la Terre. Les cachetons et le Jack Daniel's n'ont rien arrangé. La vérité et l'alcool ne font pas toujours bon ménage.

Perdu dans la campagne, seul dans la caisse de ma femme, j'ai pris mon couteau à cran d'arrêt et l'ai planté dans mon poignet en arrachant la peau. Je ne sais pas trop si je voulais mourir ou simplement me punir de faire du mal à mon amour, laisser une trace sur mon corps de cette totale souffrance, tel un tatouage de vie dans un océan de mort. J'étais bien trop défoncé pour avoir un souvenir net de mes pensées à cet instant précis. Toujours est-il que je suis tombé dans les pommes. J'allais probablement mourir en me vidant de mon sang, mais un réflexe m'a sauvé. Un truc incroyable...

Ne voulant pas tacher la voiture de Lolo, je me suis ouvert le bras penché à l'extérieur. En retombant de tout mon poids sur le rebord de la vitre, celle-ci a fait comme un garrot. Je me suis réveillé quelques heures plus tard avec une énorme balle de tennis sur le poignet, mais bien en vie.

Il devait être une heure du mat et je suis rentré à la maison. A peine cinq minutes plus tard, des bagnoles et des gyrophares se sont pointés. Je me suis enfui dans le grenier. En plein délire, je pensais qu'il s'agissait de flics comme la dernière fois lors de mon escapade à travers les champs. Après tout, n'étais-je pas coupable, coupable de tout ? En fait, il s'agissait de pompiers. Du fond de mon grenier, je hurlais : « Le premier qui rentre, je l'allume ! »

Dans mon désespoir, nul doute que je l'aurais fait et les pompons, qui savaient qui j'étais, n'étaient pas prêts à tenter leur mâchoire face à un gros con dans mon genre, sans avoir au moins essayé préalablement la bonne vieille méthode de la concertation.

C'est donc Lolo qui est apparue. Je me suis immédiatement calmé, bien sûr, et tout est rentré dans l'ordre. Les sapeurs-pompiers ont été extra. Ils ne m'ont pas contraint à quoi que ce soit, contrairement aux flics, si ce n'est à me faire soigner le bras. C'est un médecin iranien qui m'a recousu, un type super. Il avait fait des études de chirurgie esthétique et m'a tout réparé à la manière d'un orfèvre. Je n'ai presque plus aucune cicatrice de ce regrettable accident, si ce n'est sur le cœur, pour les tracas que j'ai fait subir à ma compagne.

Cette dernière était à mes côtés, comme toujours. Avec patience et grâce à une amie, elle m'a convaincu de me faire hospitaliser à la clinique Jeanne-d'Arc. Rien à voir avec Meaux... Jeanne-d'Arc, c'est un peu le Club Med des désespérés. Les gens ont été très gentils avec moi et m'ont aidé du mieux qu'ils pouvaient. Durant le mois et demi qu'a duré mon séjour, je me suis très légèrement reconstruit, suffisamment en tout cas pour décider de tenter un nouveau départ.

J'allais redevenir boxeur, vendre ma Harley pour payer mon billet d'avion et rejoindre mes parents au Venezuela...

XVII

Je ne suis pas devenu pimpant du jour au lendemain bien entendu. Ma volonté de m'en sortir et mon départ pour l'Amérique du Sud m'ont mis au pied du mur. Le fait de n'être plus enfermé chez moi m'a poussé au cul, mais la dépression n'est pas vraiment le genre de truc qui disparaît du jour au lendemain en claquant simplement des doigts.

Je la sais, là, tapie dans l'ombre, guettant la moindre de mes faiblesses pour se jeter sur moi, tel un ogre. Cette merde sera toujours quelque part, pas loin. J'espère courir plus vite qu'elle, sans me faire d'illusions.

Dès mon retour en Amérique latine, j'ai dérapé parfois, à l'occasion de rencontres. L'alcool est une tentation et il faut si peu de chose pour lui céder. Laurence n'était plus là pour me faire culpabiliser et mes parents ne connaissaient guère le nouveau Fabrice, le paumé total. Du coup, je me sentais comme un môme cherchant la moindre occasion de faire le con. D'un autre côté, je luttais contre ces pulsions.

Que celui qui n'a jamais cédé me jette la pierre. J'essayais de renaître au milieu du chaos. Je voulais me perdre également. Cette ambivalence me bouffait les neurones. Lorsque mon regard ne se posait plus sur moi de manière culpabilisante, je m'offrais de quoi culpabiliser. Un bon dérapage, rien de mieux pour apprendre à bien conduire...

A mon arrivée au Venezuela, j'ai profité d'une soirée où mes parents étaient occupés ailleurs pour partir me perdre dans les quartiers les plus malfamés de Caracas. Ces coins feraient paraître la pire cité de l'Hexagone comme un club de vacances quatre étoiles.

Pourtant, personne ne m'embêtait. Je déambulais dans les rues sordides, à la recherche de rien, l'esprit nulle part. Peut-être que les voyous se disaient que je devais être quelqu'un d'important pour me promener seul comme ça dans ces lieux, difficile de le savoir.

Bref, j'ai fini la soirée dans une boîte de putes et de travelos. J'ai payé un verre à tout le monde. Ils ont été adorables avec moi et nous nous sommes pété la gueule tous ensemble dans l'allégresse. Après sept ou huit Jack Daniel's, mon esprit s'est embrouillé et j'ai perdu ma conscience. Nul doute que je m'en suis envoyé quelques autres par la suite, mais sans en garder le moindre souvenir.

Lorsque je me suis réveillé, je me trouvais dans l'arrière-salle du club malfamé. Il y avait des matelas par terre et tout le monde dormait là au petit bonheur la chance. Une nana à la barbe naissante et aux couilles pendantes avait son bras autour de mon cou et une autre, celle-ci probablement de chromosomes XX, dormait nue contre moi. Mon premier réflexe a été de regarder entre mes jambes... Rien n'avait bougé ! Dans des cas pareils, on pense toujours au pire et pourtant... J'avais été respecté par ce que d'aucuns qualifieraient de « faune », alors que maintes fois j'avais été baisé par du beau monde aux mains propres et manucurées.

Je suis rentré à l'hôtel mine de rien en disant à mes parents que je m'étais « promené ». Il eût été inconcevable pour eux d'imaginer ce que j'étais devenu.

Une autre belle connerie lors de mon retour eut lieu en Colombie, à Bucaramanga. Après avoir quitté le Venezuela, nous avions rejoint la Colombie direction Panamá, exactement comme quelques années plus tôt. L'idée était de renaître en refaisant le périple qui fut à l'origine de ma véritable révélation à la boxe.

Mon père continuait ses séances de magnétisme et avait une cliente pour le moins particulière. C'était le genre bombasse, refaite de partout, néanmoins sympa et relativement simple, une espèce totalement introuvable parmi nos bimbos européennes.

Nous avons rapidement sympathisé, en tout bien tout honneur, et la poupée m'a présenté son mec. Il fallait voir le type. C'était un gars incroyable d'au moins un mètre quatre-vingt-dix (autant dire un building face à moi).

Il a posé son cul sur la chaise. Ses yeux brillaient d'une lueur peu commune. Un vague sourire naissait sur son visage. J'avais l'impression d'être dans un western spaghetti tant sa gueule était caricaturale. Après un moment d'immobilité digne d'une mise en scène de Sergio Leone, il a déposé son flingue sur la table, un sachet d'herbe colombienne, une bouteille de Jack Daniel's et un paquet de coke.

Ça va paraître con, mais je me suis demandé à ce moment-là comment il avait pu deviner quelle était ma marque favorite de whisky. Nous nous sommes allègrement défoncé la tronche. Ce n'était pas vraiment un bon départ pour un retour aux sources de mon sport et au sérieux que ce dernier exige. Ce n'est qu'au Panamá que j'ai cessé mes bêtises et repris l'entraînement comme au bon vieux temps.

De plus, et peut-être avant tout, être de nouveau en contact avec mes parents m'a fait du bien. Depuis notre engueulade de Font-Romeu en 95, je n'avais pas vraiment eu de nouvelles. Nous ne parlions pas de cette période noire et c'est bien ainsi. J'en ai beaucoup voulu à mon père des erreurs qu'il a pu commettre et des conneries qu'il a faites ou qu'il m'a laissé faire. Aujourd'hui, je suis très heureux de pouvoir le regarder dans les yeux et lui dire que je l'aime. Ce gars était mon héros et, plus que tout, il reste mon père.

Ma mère, elle, est une grande dame, une princesse. Son seul et unique vice, c'est la cigarette. Ce petit bout de femme est capable de s'envoyer quatre paquets de clopes par jour sans même tousser. Accro à la fumée, elle garde la tête dans les nuages.

Epilogue

Ce soir a lieu le match, mon premier grand match depuis huit longues années d'errance, face à Jorge Samudio, pour le championnat d'Amérique latine. Je suis prêt, du moins je le crois. Pourquoi arrêter maintenant mon histoire ? Probablement parce que, quelle que soit l'issue de ce combat, je commence ce soir une nouvelle vie et je le sais. Je pose ma plume et referme mon cahier...

Fabrice Bénichou, le 30 septembre 2006,
Panamá City.

13e round

Août 2007… Je suis à Paris, un été pourri. J'ai repris mon cahier, comme un môme qui s'accroche à sa bouée en plastique par peur de se noyer. Cette fois-ci, la boxe, c'est bien fini. Je me suis fait baiser. Deux coups de boule dans la tronche, ce n'est pas du sport, mais de l'arnaque. Il n'y aura pas de retour, puisque de toute manière je me suis perdu bien trop loin pour revenir.

C'est à la fin du quatrième round, dans mon coin, tandis que les soigneurs s'affairaient sur ma pauvre gueule ravagée par deux coups de boule, que la décision m'a sauté au cerveau tel un morpion sur une paire de couilles. Cette fois-ci, j'allais, pour la première fois de ma vie, jeter l'éponge, la sueur, le sang et surtout les larmes qui vont avec. Une fois de plus, j'étais grugé, on avait triché et je n'en pouvais tout simplement plus de faire semblant de croire.

Comme dans un film lorsqu'on figure la mort, j'ai revu toute ma vie défiler sous mes yeux. J'étais en transe, dans un état second. C'était fini. Enfin ! Bizarrement, cette décision m'a apaisé. Contrairement à 98, je ne quitte pas la boxe par dépit, mais plus simplement par raison.

Avec le recul, et de toute façon, j'ai cessé d'être un boxeur lorsque j'ai pris ce cahier. Difficile en effet d'aller de l'avant lorsqu'on conduit en ne regardant que dans son rétroviseur. J'imagine pourtant volontiers que regarder dans une direction, même si c'est en arrière, est déjà un grand pas. Contrairement à certains, je préfère me tromper que ne rien faire. J'aurai essayé... Toute ma vie, j'aurai essayé ! Je continuerai jusqu'à mon dernier souffle.

Après tout, il m'est même arrivé d'y parvenir, même si ma situation actuelle n'est guère mirobolante. Dans la rue, les gens me reconnaissent toujours, beaucoup me sourient, d'autres me remercient. Me remercier de quoi ? Je me sens si paumé. J'imagine que j'ai dû les faire rêver, tandis qu'ils me faisaient exister.

Le respect dans leurs yeux est une douce caresse pour un ego meurtri et sans cesse confronté au risque d'une rechute dans les affres de la dépression. Tous les sportifs doivent se reconvertir un jour.

Pour le moment, grâce à ma femme et à son courage de chaque instant, les miens sont en relative sécurité dans une petite maison en pleine campagne. Sans ma Lolita, il ne fait guère de doute que je serais au bord de la clochardisation à l'heure qu'il est.

Mon premier boulot à mon retour en France a d'ailleurs été un petit rôle de clochard. Le directeur de casting devait avoir l'œil : « Besoin d'un clodo ? Bénichou fera très bien l'affaire. »

Je me sens parfois de nouveau totalement inutile, radicalement paumé. Je vis du RMI lorsque l'on veut bien me le verser, et cours après les petits boulots, histoire de ne pas m'engluer dans l'assistanat et d'essayer tant bien que mal de rebondir. Cela dit, il ne faut pas se leurrer, un boxeur, ça ne sait rien faire !

Bien sûr, il y a la sécurité, et je suis venu dans la capitale justement avec la promesse d'un CDI qui pourrait me permettre d'aider ma petite famille. Pour des raisons obscures d'assurance et d'expérience (on croit rêver !), le truc est tombé à l'eau à la dernière minute.

Des amis m'hébergeaient à tour de rôle. Tous ont été adorables. Il y avait Sébastien et Véro, un couple d'une gentillesse rare, ainsi que Julio. Ce dernier me prêtait sa piaule, mais j'étais dans l'impasse, parce qu'un de ses amis américains débarquait à Paris. Je n'avais plus le choix. C'était la campagne et le RMI, ou la rue.

C'est en sortant du *Blue Billard*, un lieu managé par mon beau-frère, que je suis tombé sur Jean-Pierre par le plus grand des hasards. Jean-Pierre a été le directeur des sports de *Libé* pendant des années, un grand journaliste, un sacré mec. Il était également le frangin de Philippe, un de mes meilleurs amis, perdu de vue dans le labyrinthe des destins.

Nous avons discuté devant un verre. Je lui ai parlé de mes problèmes et il s'est immédiatement proposé de m'aider et de m'héberger. Ce gars a le cœur qui déborde de la main. La vie est injuste. Lui aussi s'est fait choper par cette merde de dépression. Si Dieu, tel que le conçoivent les religions, existe, ce que j'ai cru durant des années, disons qu'il y a deux, trois choses qui m'échappent... Je ne crois plus au Père Noël depuis belle lurette et j'ai la vague impression qu'il s'est barré en emportant ce fameux Dieu dans sa hotte.

Ce sont trop souvent les mecs qui ont de la valeur qui prennent tout dans la gueule, tandis que de vagues connards s'en tirent avec honneur et respect, voire même bonheur. Trop de blaireaux ne font que courir après la tune. Certains ont compris l'essence des choses et en crèvent. C'est à croire que le monde tourne en carré, à moins qu'il ne tourne pas du tout.

Pour en revenir à Jean-Pierre et cesser mes délires philosophico-débilo-mystiques, j'ai squatté son appart d'Oberkampf. Grâce à ses relations, j'ai pu rencontrer Jacques Séguela. Avec simplicité, ce dernier, lors d'une conversation concernant tout autre chose, m'a proposé de m'aider avec ce livre. Car mes gribouillages sont devenus un ouvrage publiable, paraît-il. Ils sont en tout cas, avec le plus de sincérité possible, l'histoire d'une vie.

J'aimerais tant n'avoir fait de mal à personne, avoir été un super mec droit dans ses pompes de A à Z. Il n'en fut rien. Je ne suis qu'un des six milliards de singes *Homo sapiens sapiens* qui hantent cette planète en quête d'un pourquoi.

C'est surtout cette question qui me déglingue. Comment ai-je pu faire du mal aux miens, passer à côté de mes gosses et m'aveugler de la sorte ? J'ai fait ce que j'ai pu, et ce n'était pas assez. J'imagine qu'un prof binoclard aurait pu noter sur ce cahier : « Peut mieux faire... » Disons que dans ma seconde moitié de vie, je vais essayer de faire mieux.

Si je suis à terre maintenant et que je ne peux pas tomber plus bas, je sais que, en boxe, on dit que l'essentiel est de se relever avant que l'arbitre ne compte 10.

6... 7... 8... 9...

Remerciements

Tout d'abord, je tiens à remercier ceux qui sont ma raison et ma force de vivre dans ce combat de chaque jour qu'est la vie :

Papa, maman, Lolita, Melchior, Axel, Nathan, Yoni.

Je remercie également chacune de ces personnes qui m'ont apporté leur amour ou leur amitié à un moment précis de ma vie :

Julio, Sébastien & Véro, Jean-Pierre Delacroix, Jean Bessaguet, Maryse Bessaguet, Liliane Pernin, Philou Delacroix, Jean Molina, Michel Pisanesci, Mustapha Ham, Jacinto Palacio, Véro & Sylvie, Pascale & Alain, Bern & Gégé, Freddy Roach, Virgil Hill, Yosef Pinto, Chimchom Amsellem, Damien Odoul, la famille Boudet, Antoine & Virginie, Jaklo, Emilie, Alix S., Michel Chemin, Malik Bouketir, Guillaume Lemiale, John Davison, Franck Bour, Bambi & Géraldine, Claude Michy, Gilles Elbilia, Didier Lucas, Nicolas Proffit, Jean-Philippe Lustyk, Ramon Felix, Sybill & Pascale, Bernard Dambrosio, la famille Ledoux, José Cerda, Raymond & Denise, 81, Béni Resnik, Laurence Reis, Théo Wagner, Pao & Greg, Roland dit « Titi », Frédéric & Nathalie, Roger Ferrer, Mike McNeilage, Pascal Deux, Jean Souquet, Jean Rotman, Yves Garrigue, Noël, Hervé Villette, Jacques Séguela, la famille Ciavaldini, la famille Bénichou...

Et pardon à tous ceux que j'oublie malgré moi mais qui font partie à tout jamais de cette aventure !

Sur ce, comme le dit si bien Dave Mustaine :

« A tout le monde, à tous mes amis, je vous aime, je dois partir... »

Composition et mise en page

NORD COMPO
multimédia

Achevé d'imprimer en octobre 2007
par ***Bussière***
à Saint-Amand-Montrond (Cher)

Dépôt légal : octobre 2007.
N° d'édition : 14226. — N° d'impression : 073477/1.
Imprimé en France